KB235045

내 꿈은 오늘도 통화 중

내 꿈은 오늘도 통화 중

초판 1쇄 발행 2017년 6월 7일
초판 2쇄 발행 2017년 7월 17일

지은이 서비스에이스(주)(SK텔레콤 고객서비스 자회사)
펴낸이 정재학
펴낸곳 퍼블리터

등록 2006년 5월 8일(제2014-000181호)
주소 경기도 고양시 일산서구 일현로 123(탄현동 139-32) 휴엔코아빌딩 402호 (우)10241
대표전화 (031)967-3267
팩스 (031)990-6707
이메일 publiter@naver.com
홈페이지 www.publiter.co.kr
페이스북 www.facebook.com/publiter1

기획 및 원고 구성 손혜진
편집 임성준
마케팅 신상준
디자인 황정아
인쇄 및 제본 천광인쇄

가격 13,000원

ISBN 979-11-955130-2-4 13320

내 꿈은 오늘도 통화 중

서비스에이스(주) 지음 | 손혜진 정리

퍼블터

끊임없는 도전으로 이룬 최고의 성과

안녕하세요. 서비스에이스(주) 대표 원석호입니다. SK텔레콤의 고객 상담 서비스 전문 자회사인 서비스에이스는 인바운드와 아웃바운드 텔레마케팅 분야에서 국내 최고 수준의 역량을 보유하고 있는 회사입니다. 지난 20여 년 동안 국가고객만족도(NCSI), 한국서비스품질지수(KS-SQI), 한국산업고객만족도 평가(KCSI) 등 각종 기업 경영과 서비스품질 평가에서 고객만족 1위를 달성했습니다. 20년 연속 고객만족도 1위라는 놀라운 성과는 구성원들의 끊임없는 도전정신, 그리고 타사와 비교할 수 없을 만큼 뛰어난 업무 전문성이 바탕이 된 결과라 할 수 있습니다.

저희 SK그룹은 SKMS(SK Management System)라는 우수한 경영시스템을 가지고 있습니다. SKMS에서 강조하는 여러 추구 가치 중에서 '사회에 기여하는 것' 또한 저희의 중요한 책무 중 하나입니다. 이러한 사회 기여의 책무를 이행하고자 하는 일환으로, 저희가 가지고 있는 핵심역량 중 하나인 텔레마케터들의 열정과 노력을 세상에 공유하기로 했습니다. 그들이 어떤 일을 하는지, 성과를 어떻게 질적으로 향상시키는지 등 프로 상담사인 텔레마케터의 세계를 책에 담았습니다. 텔레마케팅은 잠재고객을 대상으로 한 정확한 포지셔닝으로 제품이나 서비스를 안내하는 것으로 적극적인 고객관계 개선활동이라 할 수 있습니다. 이러한 텔레마케팅은 고객과의 커뮤니케이션을 위한 활동 중의 하나로 기업을 대표하는 가장 중요한 역할이라고 생각합니다.

이 책에서는 성공한 텔레마케터의 남다른 노력, 진정한 텔레마케터가 되기 위한 특별한 준비 사항 등을 구성원의 경험을 바탕으로 자세하게 수록했습니다. 또한 상품판매 역량 향상을 위해 어떤 노력을 하는지, 고객을 사로잡는 방법은 무엇인지 고객에게 적극적으로 다가가는 진정한 프로가 되기 위해서는 어떤 능력과 역량이 필요한지를 정리했습니다. 이 책은 텔레마케팅을 시작하는 신입사원에서부터 많은 경력이 있지만 슬럼프를 겪고 있는 텔레마케터 및 직원들을 관리하는 관리자까지, 텔레마케팅이라는 업종에 종사하는 모든 분들의 필독서가 되리라 자부합니다.

우리 구성원들은 스스로를 '세일즈 매니저'라 칭합니다. 이는 전문지식과 책임을 가지고 맡은 바 업무를 수행하는 담당자라는 의미로, 그만큼 일에 대한 자부심과 열정이 뛰어나다는 의미입니다. 우리 구성원들의 일에 대한 열정에 다시 한 번 박수를 보내며 자신의 이야기를 솔직하게 말씀해주신 여러분들에게 감사의 말을 전합니다. 독자들께서도 이 책을 통해 진정한 프로 텔레마케터로 거듭나시길 기원합니다. 감사합니다.

서비스에이스(주)

대표이사 원석호

텔레마케터의 문을 두드리는 당신에게

우리 사회를 비추는 '거울'

갑질 횡포, 감정노동, 개인정보 유출 사태, 인공지능. 최근 우리 사회에서 주요한 이슈가 됐던 키워드들이다. 이 키워드의 배경에 공통적으로 등장하는 직업이 하나 있다. 바로 텔레마케터다. 이뿐만 아니다. 청년실업, 여성취업, 비정규직 문제 같은 사회적 이슈에도 어김없이 텔레마케터가 등장한다. 어떤 면에서 보면 텔레마케터라는 직업이 우리 사회를 비춰주는 거울 같다는 느낌이 들기도 한다.

텔레마케터가 이렇게 우리 사회의 수많은 이슈 한 가운데 놓여 있는 가장 큰 이유는 바로 고객과 기업이 만나는 최전선 소통 창구 역할을 하기 때문일 것이다.

텔레마케터 한 사람이 하루에 시도하는 통화 건수가 2백 건 이상이라고 한다. 일반적인 소비자들의 경우 적어도 하루에 한 번 이상 이런 저런 텔레마케터로부터 전화를 받게 된다. 이렇게 매일 수많은 사람들과 접촉하는 직업 특성상 어느 누구보다도 세상 공기 흐름의 변화를 예민하게 느낄 수밖에 없다.

최전선은 늘 위험에 노출되어 있기 마련이다. 텔레마케터는 우리 사회가 가지고 있는 여러 문제들로부터 가장 먼저 영향을 받는 자리에 있기 때문에 각박한 세상살이의 비바람을 맨 앞자리에서 맞는 고독한 직업이기도 하다.

언젠가부터 우리의 인식 속에서 텔레마케터는 크게 두 가지의 이미지로 각인되어 있다. 시시때때로 전화를 걸어 억지로 상품구매를 강요하는 장사꾼, 혹은 악성고객의 언어폭력과 성희롱에 시달리는 측은하고 안쓰러운 서비스 노동자. 이 두 가지 이미지가 너무 큰 부분을 차지하고 있는 바람에 이 직업이 가지고 있는 또 다른 모습들이 간과되고 있는 것은 아쉬운 점이다.

'미안하다'와 '고맙다'의 사이

텔레마케팅 분야에 종사하는 사람들의 숫자는 얼마나 될까? 아직까지 콜센터의 산업규모나 종사자 수에 대해 집계된 정확한 자료가 없지만 국가인권위원회 자료에 따르면 2008년 기준으로 콜센터 종사자의 수는 적게는 30만 명에서 많게는 1백만 명까지 추산되고 있다.

텔레마케팅을 스팸전화나 보이스피싱 정도로 생각하는 사람들도 많다. 하지만 텔레마케터를 막무가내로 아무 전화번호나 눌러서 고객에게 상품이나 서비스 판매를 강요하는 사람이라고 생각하면 오해다.

텔레마케팅 업체들은 마케팅 활용에 대한 동의를 한 고객에 대해서만 전화를 걸어서 영업을 하며 체계적인 보안교육을 통해서 고객의 개인 정보조차 드러나지 않도록 하고 있으며 IT정보 기술을 활용한 데이터베이스 마케팅을 한다.

텔레마케팅은 최근 들어 새롭게 주목받고 있는 마케팅 방법론이기도 하다. 경기변동을 덜 타는 전천후 마케팅으로 불황일수록 더욱 강한 영업력을 발휘하며 호황일 때는 판매력과 수익률을 더욱 증진시키는 역할을 한다. 이런 이유 때문에 텔레마케팅은 여전히 성업 중이다. 텔레마케터라는 직업인들은 고객에게 미안하다는 말도 많이 하게 되는 직업이지만, 반대로 고객으로부터 고맙다는 이야기도 자주 듣는 직업이다. 고객이 필요로 하는 정보를 찾아서 정확하게 제공하고 그것을 바탕으로 고객이 상품이나 서비스를 구매할 수 있도록 돕는 사람들이기 때문이다. 그동안 언론을 통해서 갑질 문화, 감정노동에 대한 이야기를 많이 들어왔기 때문에 이 직업이 가진 어려운 점을 많이 접했겠지만 좋은 상품과 서비스를 구매한 고객으로부터 고맙다는 인사도 많이 받는 직업이다.

아웃바운드 텔레마케터 위한 길잡이

일반적으로 콜센터의 텔레마케터는 상담업무 유형에 따라 인바운드(inbound), 아웃바운드(outbound), 블렌딩(blending) 이렇게 세 가지로 분류된다. 인바운드는 고객으로부터 걸려온 전화문의를 접수하여 고객의 불만사항, 피해처리 및 보상, 현장출장서비스를 지원하는 일을 한다. 아웃바운드는 사전조사를 통하여 수집된 고객의 개인정보와 성향을 미리 파악한 후 고객에게 전화를 걸어서 신규상품, 가입안내, 시장조사, 여론조사 등을 수행하는 업무를 담당한다. 마지막으로 블렌딩은 인바운드의 고객서비스를 하면서 아웃바운드의 영업 활동까지 함께 수행하는 혼합형 모델이다.

이 책은 세 가지 유형의 텔레마케터 중에서 아웃바운드 텔레마케터의 이야기를 담고 있다. 인바운드 업무는 고객만족을 완성하는 중요한 역할을 하는 것이 사실이지만 수동적이고 방어적인 활동에 머물러 오늘날 같은 장기불황을 타개해 나가는데 부족함이 많다. 잠재고객이나 유망고객을 정확하게 포착, 보다 공격적이고 전략적으로 기업의 이익과 가치창출을 도모하기 위해서는 아웃바운드 텔레마케팅의 역할이 어느 때보다 강조되고 있다. 텔레마케팅 업계에서 일하기 좋은 기업이자, 소비자가 선정한 품질만족의 최우수 기업인 SK텔레콤 고객센터에서 일하는 사람들의 목소리를 담아서 텔레마케터의 세계를 그대로 보여주고자 한다.

아웃바운드 텔레마케터에 대한 직업 안내서이기도 하지만 지금 현장에서 헤드셋을 끼고 고객과 상담을 하고 있는 사람들의 목소리를 가감 없이 담아서 가장 구체적이고 현실적인 텔레마케터에 대한 이야기이기도 하다. 자칫 자기 계발 혹은 직장인 성공신화로 부풀려서 받아들여지지 않았으면 하는 바람이다.

일반 독자들에게는 텔레마케터에 대한 긍정적 이미지를 발견하는 계기가 되고, 이 일을 막 시작한 새내기 텔레마케터들에게는 업무 안내의 길잡이가 되며, 이 분야에 관심을 갖고 있는 취업 희망자들에게는 업계의 현실을 정확히 알 수 있는 지침서가 되기를 희망한다.

차례

chapter 1

텔레마케터에 대한
오해와 진실

텔레마케터는 얼마나 벌까?

주말 다 쉬고 못 받아도 2백만 원?

"주말에 다 쉬고, 아무리 못해도 한 달에 2백만 원 넘게 가져 갈 수 있다니까!"

진태민 매니저(마포CRM센터)는 주변의 아는 사람으로부터 텔레마케터에 대한 이야기를 들었다. 무슨 일을 하는지도 잘 몰랐지만 '2백만 원'이라는 단어에 꽂혀서 앞 뒤 재보지도 않고 바로 입사 원서를 넣었다.

부모에게 손 빌리기 싫어서 혼자 자취생활을 하면서 이틀에 한번 라면을 먹고 배가 고플 때는 내내 잠만 자면서 버티던 시절이었다. 마땅히 취업할 곳이 보이지 않아 너무나 암담한 생활을 하던 중이어서 어디든 한 달에 1백 50만 원만 주는 곳이 있다면 아무 데나 들어가자는 생각이었다. 그런 그였지만 입사하기 전까지만 해도 큰 기대를 하지 않았다. 내심 텔레마케터를 해서 얼마나 벌겠나 하는 마음이 있었다.

'대부분 비정규직일 거고 잘하면 한 달에 1백50만 원 정도 벌 수 있겠지….'

하지만 막상 입사해서 교육기간을 거치고 보니 입사 전 생각했던 것과 차이가 많았다. 우선 비정규직 사원이 한 명도 없었다. 수습기간 3개월이 지나서 계속 회사에 남아 있으면 자동으로 정규직으로 전환됐다. 실적이 좋으면 더 빨리 정규직으로 발령이 났다. 그때부터 텔레마케터에 대한 이미지가 완전히 바뀌었다.

물론 텔레마케터에 대한 이미지가 바뀌었다고 해서 그 일을 척척 잘해낼 수 있었던 것은 아니다. 텔레마케터가 정확히 무슨 일을 하는지 모른 채 입사를 했던 탓에 신입 상담원일 때는 입사 동기들 가운데서 실적이 가장 나빴다. 게다가 상담 중 상담원으로 하지 말아야 할 치명적인 말실수까지 하면서 욕도 많이 먹었다. 아무래도 텔레마케터 일이 적성에 맞지 않는다는 생각만 들었다. 주변을 둘러봐도 자기보다 못난 사람이 없는 것 같은데 왜 자기만 일을 못하는지 이해할 수 없었다. 주변에서도 은연중에 텔레마케터 일이 안 맞는 사람이라는 눈치를 주는 것 같았다. 그런 눈치를 받다보니 오기가 발동했다.

'그래, 한 달만 제대로 해보자.'

그런 다짐이 있은 지 얼마 후 실적에 변화가 생기기 시작했다. 그저 한 달에 1백50만 원만 벌면 좋겠다 싶었는데 첫 달 월급이 2백50만 원, 다음 달에는 3백50만 원이 들어오더니 점점 실적이 올라서 현재는 스스로에게 과분하다 싶을 만큼 많은 급여를 받고 있다. 개개인의 노력 여하에 따라 월급 차이가 이렇게 크게 날 줄은 생각도 하지 못했다.

기본급만 해도 중소기업 초봉 정도는 거뜬

여전히 텔레마케터라고 하면 낮은 임금을 받으며 높은 직무 스트레스와 열악한 근무조건을 견디는 비정규직 노동자라는 인식이 팽배하다. 이 분야에 대한 자세한 조사 연구가 드물지만 그나마 가장 최근에 발표된 통계자료로 2008년 국가인권위원회가 발표한 '텔레마케터 인권상황 실태보고서'를 참고할 만하다.

이 보고서에 따르면 상여금을 포함한 콜센터 종사자의 세전 월평균 임금은 2007년 기준으로 1백34만2천 원, 우리나라 전체 산업 평균인 1백91만 3천 원의 70% 정도에 불과한 것으로 나타났다.

국가인권위원회의 보고서가 나온 지 10년이 지났기 때문에 당시 조사 결과와는 차이가 많겠지만 텔레마케터라는 직업에 대한 인식은 크게 달라지지 않고 있다.

실제로 현장에서 텔레마케터로 일하고 있는 상담원들 대부분이 이 일을 시작하기 전까지는 텔레마케터라는 직업에 대해 일반적인 사람들과 크게 다르지 않은 인식을 갖고 있었다. 하지만 막상 회사에 들어와서 일을 하다 보면 이런 편견은 여지없이 깨지고 만다. 기본급만 해도 여지간한 중소기업 초봉 정도는 된다. '연봉 몇 천만 원'하고 정해진 것은 아니지만 그래도

평균 3.1년 근무하고 월급 1백34만 원 받아

[2008년 텔레마케터 인권 상황 실태 보고서]

이 보고서에 따르면 2008년 기준으로 콜센터 종사자 수가 적게는 30만 명, 많게는 1백만 명 정도로 추산되고, 텔레마케터의 고용형태는 간접고용인 위탁파견과 특수고용 종사자까지 포함하면 비정규직 비율이 90%에 육박하는 것으로 나타났다. 근속기간은 전 산업 평균 10.5년의 3분의 1에 불과한 3.1년으로 불안정한 노동시장 특성을 보였다. 이직 사유로는 낮은 임금이 19.3%, 업무실적 등의 압박이 17%, 고객으로 인한 스트레스가 15.3%, 업무로 인한 건강문제가 9.9%의 순으로 나왔다. 상여금을 포함해 세전 월평균 임금은 2007년 기준 1백34만2천 원으로, 우리나라 전체 산업 평균 1백91만3천 원의 70% 정도에 불과했다. 텔레마케터의 근무여건은 전반적으로 열악한 것으로 조사됐다.

　　내 꿈은 오늘도 통화 중

기본급이 밑바탕이 되어 있기 때문에 박봉은 아니다. 게다가 노력한다면 대기업 연봉 이상도 얼마든지 가져갈 수 있는 직업이다.

어느 업종이나 사무직보다 영업직 사원의 보수가 높은 편이다. 사람들의 마음을 얻고 지갑을 열게 만드는 게 쉬운 일은 아니기 때문이다. 텔레마케터 업무는 영업직이라고 해도 '맨땅에 헤딩하는' 일처럼 매일 매일 새롭게 시작해야 하는 일은 아니다. 반복되는 업무를 하다 보면 어느 날 일이 손에 '착'하고 익는 날이 온다.

노력한 만큼 받을 수 있는 정직한 일

김준형 매니저(마포CRM센터)는 입사 전 2억 원 이상의 큰 빚을 지고 있었다. 술집을 크게 열었다가 망하면서부터다. 도저히 자신의 힘으로 해결할 수 없는 빚에 대한 압박감에 짓눌리다보니 세상으로부터 도망치고 싶었다.

갚아야 할 빚이 워낙 크다 보니 회사에 들어와서도 다른 데 눈 돌릴 겨를이 없었다. 오로지 일만 했다. 한 달 수입 가운데 차비만 빼고 나머지는 모두 빚을 갚는 데다 썼다. 다행스럽게도 텔레마케터로 열심히 일한 지 3년 만에 어마어마한 빚으로부터 자유롭게 됐다.

그 다음부터는 저축도 할 수 있게 됐고 생활이 안정되자 결혼도 하고 자가용과 자기 명의의 집도 장만하게 됐다. 이 모든 것을 부모에게 한 푼도 빌리지 않고 혼자 힘으로 해냈다. 보통의 직장생활을 했더라면 이 모든 것들이 가능했을까 싶다.

매일 다양한 사람들을 만나서 그들의 마음을 얻어내는 건 어려운 일이겠지만, 노력하는 만큼 결실을 볼 수 있다는 것이 텔레마케팅 업무가 가진 매력이다.

물론 모든 텔레마케터가 이렇게 높은 임금을 받는 건 아니다. 피땀 어린 전심전력의 노력을 기울이는 일부의 실적 최상위권자들이 고소득의 급여를 챙겨갈 수 있다. 그런데 평균적인 실적을 올리고 있는 상담원들도 박봉은 전혀 아니라고 말한다.

"텔레마케터를 하기 전 사무직으로 일했는데 급여만 따지면 일반 사무직 여성보다 많아요. 중간 정도만 해도 보통 회사원 보다 급여가 괜찮고요. 실적 스트레스를 많이 받긴 하지만 실적만 어느 정도 따라 준다면 다니기 좋은 직장인 것 같아요. 복리후생 지원도 잘 돼 있거든요. 열심히 해서 실적이 좋은 달에는 주변 친구들보다 두세 배 월급을 받을 때도 있어요. 제가 꼭 많이 번다고 생각하지 않아요. 노력한 만큼 보상을 받는 거라고 생각해요. 우리 일은 자기가 노력한 만큼 실적이 나오는, 정말 정직한 일이니까요."

【이다은 매니저, 장안TWD센터】

인바운드냐, 아웃바운드냐

기본급 높은 인바운드, 인센티브 높은 아웃바운드

앞에서 언급한 성공적인 텔레마케터의 사례는 우리가 막연하게 생각하고 있는 텔레마케터의 모습과는 거리가 있어 보인다. 2008년에 발표된 '국가인권위원회 보고서'에 나타난 실상과도 사뭇 달라 보인다. 왜 이런 차이가 생기는 것일까? 가장 큰 이유는 아마도 인바운드와 아웃바운드 텔레마케터의 특성 차이에서 비롯된 것일 가능성이 매우 높다.

텔레마케터는 크게 인바운드 텔레마케터와 아웃바운드 텔레마케터로 나뉜다. 인바운드 텔레마케터는 고객들이 걸어오는 전화에 응대하는 상담원을 말하며 아웃바운드 텔레마케터는 고객에게 직접 전화를 걸어서 새로운 상품이나 서비스를 판매하는 업무를 주로 담당하는 영업직 상담원을 일컫

는다. 인바운드 텔레마케터의 경우 고객들이 가지고 있는 불만사항을 해결해주는 업무를 주로 하는 반면, 아웃바운드 텔레마케터들은 새로운 상품이나 서비스를 판매하는 영업 활동을 한다.

이런 특성 때문에 인바운드와 아웃바운드 상담 업무에 대한 급여와 보상 체계가 다른데 평균적으로 인바운드 텔레마케터에 비해 아웃바운드 텔레마케터의 평균 임금 수준이 상대적으로 높은 편이다.

아웃바운드 부서로 이동하기 전 인바운드에서 일한 경험이 있어요. 인바운드는 인센티브가 많지 않은 대신 기본급이 높아요. 하루 8시간, 주 5일 근무하고 2백만 원 정도를 받았는데 나름 만족했죠. 아웃바운드로 오니 기본급이 낮긴 하지만 인바운드에 비해 인센티브가 몇 배나 많아요. 인바운드에서 일할 때보다 수입이 훨씬 늘어났죠. 아웃바운드에 와서는 인바운드 때보다 적금을 두 배 이상 붓고 있어요.

【구혜림 매니저, 장안TWD센터】

아웃바운드, 때론 고객과 친구처럼

구혜림 매니저(장안TWD센터)는 인바운드 상담원으로 일할 때 고객 요금상담을 하고 불만을 처리하는 114고객센터에서 근무했다. 그때는 아침에 출근할 때마다 '제발 오늘은 무사하기를…'하고 마음속으로 빌 만큼 고된 상담이 많았다.

한 시간에 열 명의 고객을 응대하면 그 중 두세 명은 불만고객이었다. 하루에도 수많은 불만고객들과의 통화를 해야 했다. 한 번씩 심각한 불만에 차있는 고객과 통화를 시작하면 하루 만에 끝나지 않는 경우도 허다했다.

같은 내용의 불만 건이 며칠 동안 반복되고, 심지어 일주일 넘게 이어지는 경우도 많았다. 납득할 만한 이유의 불만이라면 이해할 수 있지만 폭력적인 언어로 억지 주장을 계속하는 악성고객에게 잘못 걸리면 심리적 압박과 고통이 이만저만이 아니었다.

그러던 어느 날 우연한 계기로 아웃바운드 부서로 옮기게 됐다. 인바운드에서 힘든 상황을 많이 겪어서인지, 아웃바운드 부서로 옮기고 나서 오히려 날아갈 듯 업무가 가뿐하고 편해졌다.

인바운드나 아웃바운드나 고객을 상대하는 일은 매우 어려운 일이다. 하지만 미묘한 차이는 존재한다. 고객이 '갑(甲)'이라면 아웃바운드 상담원은 '을(乙)'지만 인바운드 상담원은'병(丙)'정도의 입장이라고 한다.

인바운드에서 상담을 할 때는 납작 엎드려 고객이 요구하는 대로 움직여야 했다면, 아웃바운드는 고객에게 먼저 상품이나 요금제를 제안하거나 권유하며 함께 대화를 나누는 방식으로 상담이 진행되기 때문이다. 그래서 아웃바운드 텔레마케터의 경우 고객으로부터 폭언이나 욕설과 같은 험한 말을 들을 일이 인바운드에 비해서 많지 않고 때로는 고객과 친구처럼 편하게 대화하는 경우도 많다고 한다.

영업부서인 아웃바운드 특유의 고충도 물론 존재한다. 보이스피싱이나 스팸 전화가 늘어나면서 이들 전화와 아웃바운드 텔레마케팅을 혼동해서 고객들이 텔레마케팅 자체를 부정적인 시각으로 보는 것이 가장 큰 어려움이다. 또 아웃바운드 텔레마케터는 고객이 어떤 상황에 있을지 예측할 수 없는 상태에서 전화 접촉을 시도해야 하기 때문에 한 통화, 한 통화 전화를 거는 것 자체가 스트레스가 될 수 있다.

고객 입장에서는 예고 없이 갑자기 걸려온 전화에 대해서 거부감을 가질 수밖에 없는데 그렇게 거부하는 사람을 상대로 계속 통화를 이어가면서 영업을 해야 하기 때문에 전화를 하는 것 자체가 고된 일이 다.

이런 스트레스가 가중되면 텔레마케터의 주요 업무인 고객에게 전화를 거는 것 자체를 두려워해 실적을 내는데 어려움을 겪을 수도 있다.

취업 원한다면 아웃소싱보다, 인하우스

텔레마케터의 자격 조건은 까다롭지 않은 편이다. 고학력이나 전문성을 요구하는 경우가 드물고 성별이나 연령 제한도 거의 없어 취업 의지가 있는 사람들에게는 진입장벽이 낮은 일자리다. 하지만 근속기간이 짧은 탓에 많은 콜센터마다 인력 부족의 어려움을 겪고 있다.

텔레마케터 일자리는 인터넷 구직 사이트의 콜센터 구인공고를 통해 손쉽게 찾아볼 수 있다. 입사 지원을 할 때 한 가지 눈여겨봐야할 사실은 콜센터의 성격이다.

똑같은 회사의 고객 상담 업무라도 채용 회사가 각기 다른 경우가 있다. 본사에서 직접 운영하는 콜센터가 있는가 하면 아웃소싱 콜센터 전문업체가 사람을 모집하는 경우도 있다.

콜센터는 운영방식에 따라 '인하우스(inhouse)'와 '아웃소싱(outsourcing)'으로 구분된다.

인하우스는 본사 소속으로 기업 내부의 고객관리부서나 영업부서와 상호연계해서 독자적인 고객문의 절차와 제도를 마련하여 운영하는 형태다.

반면 아웃소싱은 전문적인 기술과 인력을 보유한 외주업체와의 하위계약을 통해 콜센터 운영 전반을 위탁하는 형태다. 아웃소싱 계약을 맺은 협력업체에서 일하는 경우 정직원으로 일하는 사람은 거의 없다고 한다.

경력이 많은 콜센터 상담원들은 텔레마케터 일을 시작할 때 가급적이면 정직원으로 채용될 수 있는 본사 소속의 '인하우스' 회사에서 일할 것을 권한다. 인바운드 상담직의 경우 대부분 본사 소속보다는 아웃소싱으로 일하는 경우가 많은데 본사에 소속되어 있지 않나 보니 상여금이나 복지 혜택도 적은 편이다.

반면 아웃바운드 영업직의 경우 본사 소속의 정규직으로 일할 기회가 더 많기 때문에 금전적인 면에서 유리하고 다양한 사내 복지 혜택을 누릴 수 있다는 것이 장점이다. 영업력에 자신이 있는 사람이라면 아웃바운드 텔레마케터가 훨씬 매력적이다.

> 업무 여건에서도 아웃바운드가 좀 더 편합니다. 쉬는 시간이나 점심시간처럼 쉴 수 있는 여건이 보장되죠. 인바운드는 콜 대기자가 많지 않아야 쉴 수 있는데, 콜이 밀리면 그게 쉽지 않아요. 물론 아웃바운드는 실적에 대한 부담이 크긴 하지만, 인바운드의 경우도 목소리나 상담 콜 평가에 대한 부담이 만만치 않아요. 인바운드는 빠르고 정확한 상담을 하면 칭찬을 받지만 성취감이 크진 않아요. 아웃바운드는 실적에 따라 급여도 올라가고 새로운 고객을 가입시키는데 대한 성취감도 큽니다. 이런 면들이 아웃바운드 텔레마케터의 보람이자 매력입니다.
>
> 【변성준 매니저, 마포CRM센터】

감정이 아니라 감동을 판다

감정노동 강도가 가장 센 직업

"×××야, 필요 없다는 데 왜 자꾸 전화를 하고 난리야? 너 담당 팀장 당장 바꿔! 이 미친 ×××."

전화기 너머로 거친 욕설이 폭포수처럼 쏟아지기 시작했다. 차마 입에 담을 수도 없고, 글로 옮기기도 민망한 욕설들이었다. 김종현 매니저가 입사한 지 얼마 되지 않은 '초짜' 텔레마케터였을 때였다. 이 상황을 어떻게 대처할지 몰라 머릿속이 하얘졌고 정신이 완전히 나간 상태였다. 성격이 예민한 편이라 전화를 끊고 나서도 한동안 마음을 진정시키지 못했다. 눈물이 주르륵 흘러 내렸다.

텔레마케팅 업무에서 감정노동은 큰 비중을 갖는다. 직접 얼굴을 보지 않고 목소리로 하는 일이다보니 고객들이 자신의 감정을 여과 없이 일방적으로 쏟아내는 경우가 종종 있다. 예상하지 못한 고객의 폭언과 욕설 반응에도 감정의 기복 없이 친절과 상냥한 웃음으로 일정하게 고객을 대해야 하기 때문이다.

2015년 한국고용정보원이 국내 7백30개 직업 종사자 2만5천여 명의 감정노동 강도를 비교 분석한 결과, 감정노동의 강도가 가장 센 직업은 텔레마케터인 것으로 나타났다. 조사 항목 가운데 '불쾌하거나 화난 사람에 대응해야 하는 빈도'가 가장 높게 나타난 직업도 역시 텔레마케터였다.

최근 몇 년 사이 감정노동으로 인한 서비스직 종사자들의 고충이 언론에 보도되면서 이들이 겪는 문제에 대한 심각성이 사회적으로 뜨거운 이슈로 부각되었다.

이러한 관심은 경쟁적 서비스 산업과 파행적 소비문화에 대한 사회적 자성의 목소리로 이어졌고, 근로기준법상 근로의 정의에 감정노동을 명시해야 한다는 입법안이 발의될 만큼 감정노동에 대한 사회적 관심은 뜨겁다.

한 달에 대여섯 번 정도는 욕설을 하는 고객들을 만나게 됩니다. 전체 통화 비중으로 보면 많은 수는 아니에요. 텔레마케터로 일한 지 5년차가 됐는데, 이런 상황에 적응하는 데 2년 정도 걸렸습니다. 텔레마케터로 현직에서 일하는 사람으로서, 이런 상황은 예고 없이 언제든지 찾아올 수 있다는 걸 알고 있고 이제는 경륜이 쌓여서 오히려 제가 웃으면서 전화를 끊을 수 있는 여유가 생겼어요.

【김종현 매니저, 마포CRM센터】

감정노동에 가려진 텔레마케터의 전문성

언젠가부터 우리는 텔레마케터, 항공기 승무원, 식당 종업원, 백화점 판매원처럼 감정노동의 수행 강도가 높은 업종 종사자들을 일컬어 '감정노동자'라는 단어로 뭉뚱그려 부르고 있다.

'감정노동'이라는 용어 덕분에 고객 대면 업무로부터 오는 심리적·정신적 스트레스 차원에서 주목은 받게 됐지만, '감정노동'의 수행정도가 높다는 것과 '감정노동자'로 불리는 것은 다른 차원의 문제다.

어느 직업이든 육체적인 노동과 정신적인 노동이 수반되기 마련이다. 하지만 '감정노동자'라는 용어만 놓고 보면 마치 감정관리를 전적으로 도맡고 있는 노동인 듯한 뉘앙스를 풍긴다.

특히 언론에서 감정노동의 수행강도가 높은 직업인들의 고충을 집중 조명하면서 이것을 강조하기 위해 욕설과 폭언을 서슴지 않는 악성 고객과 이를 묵묵히 감내하는 서비스 업계 종사자들의 모습을 보도해 왔다.

하지만 감정노동과 작업장 폭력은 엄연히 다른 것이다. 감정노동이란 낱말이 지닌 본연의 의미는 개인이 자신의 기분을 다스려 조직에서 요구하는

'감정노동' 이란?

감정노동이란 말은 미국의 사회학자 앨리 러셀 혹쉴드(A. R. Hochschild)가 처음 사용했던 것으로, 1983년 발간한 '관리된 심장 : 인간 감정의 상품화'라는 저서에서 '개인이 자신의 기분을 다스려 조직에서 요구하는 적합한 표정이나 신체 표현을 외부로 드러내는 것'이라고 정의하고 있다. 육체노동이나 정신노동만을 노동의 범주로 간주하던 과거와 달리 오늘날은 인간의 감정 또한 하나의 자원으로써 상품화하는 현대사회의 단면을 '감정노동(emotional labor)'이라는 말로 표현했다. 감정노동을 임금을 받고 판매되는 교환가치를 지닌 노동의 요소로 규정함으로써 사적 영역에서 사용가치를 지닌 감정 관리와 구분했다. 굳이 서비스직 종사들이 아니더라도 오늘날 대부분 직군의 노동자들이 사람들을 상대하고, 타인을 대하느라 특정 감정 상태를 만들어내며 일을 하고 있지만, 조직이 노동자의 감정 활동을 통제하지는 않는다. 의사, 변호사, 사회복지사 같은 직업인들은 스스로 자기 감정을 통제하기도 하지만, 조직으로부터 고객에게 말하는 법과 행동하는 법에 대한 명확한 지시가 주어지고 특정한 감정을 드러내도록 통제를 받지 않는다. 그러한 점에서 혹쉴드가 명명한 '감정노동'을 하는 직군은 한정적이다.

적합한 표정이나 신체 표현을 외부로 드러내는 것일 뿐, 인권유린적인 고객의 폭언과 욕설을 견디는 것과는 무관하다.

고객에 의한 작업장 폭력은 엄연히 법 제도적으로 제재와 처벌이 필요한 인권 침해 차원의 문제다. 이처럼 감정노동을 왜곡되게 이해하여 대인서비스 종사자들을 감정노동자로 통칭해 부르면서, 은연중에 우리 사회는 서비스직 종사자들을 인권유린적인 상황도 견뎌내는 사람 정도로 오해하는 경우가 많다.

이런 과정에서 서비스직 종사자들이 수행하는 전문적이고 특수한 노동이 감정노동이라는 단어에 가려져 평가절하돼 제대로 인식되지 못한 것이 현실이다. 서비스직 노동에 대한 평가절하는 해당 종사자들에 대한 평가절하로 연결되고, 이러한 왜곡된 인식은 작업장 폭력의 양산이라는 악순환으로 이어지고 있다.

이것은 텔레마케터의 직무를 부분적으로 밖에 이해하지 못하기 때문에 생기는 일이다. 고객과의 상호작용에서 고객에게 알맞은 정보와 적절한 서비스를 제공하기 위해선 관련 분야 직무에 대한 상당한 수준의 지식과 경험을 겸비해야 한다.

수년간 텔레마케팅을 해온 상급자도 상담 도중 처음 접하는 사례가 많다고 한다. 점점 다양해지는 고객의 요구와 취향에 맞는 서비스를 제공하기 위해서는 한층 심화되고 차별화된 전략과 기술이 더 필요하다.

감정노동을 하는 일이니까 막연히 힘든 일, 피곤한 일이라는 정도로 생각했지 구체적으로 이들이 직업인으로서 어떤 일을 하는지에 대해서는 제대로 관심을 기울이지 않아온 것이 사실이다.

우리는 감정노동자 아닌 소통 전문가

"우리는 감정노동자가 아닙니다. 소통 전문가입니다."
한 텔레마케팅 업체가 구성원들의 사기를 진작시키기 위해 내건 슬로건이다. 각양각색의 요구와 취향과 개성을 가진 고객의 마음을 얻어내기 위해서 텔레마케터가 반드시 갖춰야 할 자질 중 하나는 소통이다. 텔레마케터라면 스스로 소통의 달인, 소통의 전문가가 될 수 있어야 한다.

일방적으로 구매의사를 묻고 판매를 강요하는 기존 전화판매 방식과 달리, 텔레마케터는 상품과 서비스를 이용할 만한 집단을 대상으로 고객과의 원활한 커뮤니케이션을 통해 고객의 요구와 욕구를 파악하고 그에 상응하는 정보와 상담을 제공한 후 고객의 구매의사를 끌어냄으로써 판매가 성사되는 과정으로 진행된다. 요금 설계나 고객 응대만 잘해서는 고객을 유치하기 어렵다. 단순 전화 판매와 텔레마케팅의 가장 큰 차이점은 바로 고객과 소통해야 한다는 점이다.

단순히 휴대전화 기기만 판매한다고 생각하면 오해예요. 고객의 통화

패턴을 고려해서 어떤 기기와 요금이 적당한지 제안합니다. 컨설팅 개념이 들어가는 거죠. 약정이 끝나서 새로운 기기를 바꿀 때 기존 상품보다 요금이 더 적게 나오도록 설계해 드리면 정말 기뻐하세요. 꼬리에 꼬리를 물고 다른 지인 분들을 소개해주시기도 하죠. 그럴 때 무척이나 뿌듯합니다. 고객이 기기를 구입하고 난 후에도 그것으로 끝난 게 아니라 사후 관리를 지속적으로 해드리려고 노력하고 있습니다.

【유소연 매니저, 장안TWD센터】

좋은 상품이나 서비스를 내놓는다고 시장에서 호응을 얻을 수 있는 것은 아니다. 고객들은 전문가로부터 제대로 된 정보를 얻고 싶어 한다. 누구에게나 해당되는 막연한 기성품 같은 정보가 아니라 보다 개별화되고 최적화된 맞춤 정보를 제공받고 싶어 한다. 그래야 제품이나 서비스를 선택할 마음이 생기고 지갑을 열게 된다.

그런 과정을 이끌어 내는 강력한 힘은 바로 판매자의 진정성 있는 소통의 힘이다. 진정성 있는 소통은 고객의 진심과 마주하게 해준다.

"왜 이렇게 잘 해주세요? 콜센터에 상담 전화를 하면 친절하기는 하지만 뭔가 형식적이고 기계적인 것 같은데 지금 통화하는 상담사 분은 좀 다른 것 같아요."

상담 중에 고객으로부터 이런 이야기를 들은 적이 있어요. 나중에 저희

사이트에 칭찬 글까지 올려주셨죠.

"상담사분께서 진짜 친절하게 말씀해주셔서 전생의 친구가 아니었나 싶었고, 가려운 곳을 긁어주는 할머니 같았어요. 항상 고객들 가까이서 도와주는 상담원 분들 너무 감사합니다."

그 글을 보고 다른 직원들도 크게 감동받았어요. 그런 고객들 덕분에 이 일을 계속할 수 있는 힘을 얻는 것 같아요.

【이다은 매니저, 장안TWD센터】

인공지능 로봇,
텔레마케터 자리 넘볼까?

사라질 직업 1순위는 텔레마케터?

2013년 옥스퍼드대가 발표한 보고서 '고용의 미래'에 따르면 텔레마케터, 권리분석사, 재봉사, 수학 조수, 보험인수심사원, 시계 수리공 등이 인공지능으로 대체될 가능성이 매우 높은 직업군으로 꼽혔다. 명확한 표준 절차에 근거를 둔 단순 반복 업무는 자동화하기가 쉬워서 컴퓨터로 대체될 가능성이 높은데 텔레마케터가 바로 그런 조건에 해당된다는 것이다.

인바운드 텔레마케팅의 경우 어느 정도 선까지는 인공지능 로봇이 대체할 가능성이 높은 것으로 전망되고 있다. 매뉴얼화된 응답 내용 중에서 고객이 원하는 해답을 찾아주면 되기 때문이다. 하지만 아웃바운드 텔레마케팅은 다르다. 정형화된 정보 안내가 아니라 고객의 마음을 움직이고 고객을 설득해야 하는 업무이기 때문이다. 아무리 뛰어난 인공지능 로봇이라도 아웃바운드 텔레마케터의 업무를 대신하기란 쉽지 않을 것으로 보인다.

요금 비교하는 것만 본다면 저보다 인공지능이 낫겠죠. 하지만 전화를 걸면 인사하는 것부터 달라요. 기계가 아니라 잘 아는 사람이라는 느낌으로 전화하는 것이 중요하거든요. 만약 제 어머니 같은 연령대의 고객과 전화가 연결되면 이렇게 말해요.

"고객님 저도 소비자인데요, 제가 고객님 입장이라도 이런 전화 받기 번거롭고 귀찮은 거 잘 압니다. 저희 어머니도 이런 전화 안 받으시거든요. 그런데 아들 같은 저한테 어머니 같은 목소리로 전화를 받아주셔서 제가 말씀드리는 건데요…."

아웃바운드 텔레마케팅의 경우는 정해 놓은 패턴이 없어요. 분위기나 상황에 따라서 대응 방법이 다 다르죠. 그래서 판매 조직은 인공지능 로봇이 대체할 수 없을 것으로 봐요.

【김근호 매니저, 마포CRM센터】

사람은 직접적인 언어로만 소통하는 것이 아니다. 미묘한 비언어적 표현으로 자신을 드러내기도 한다. 어떤 때는 자신의 의견을 말하기 곤란해 그냥 상황을 지켜보는 경우도 많다. 이처럼 언어로 표현되기 이

전의 감정이나 잠재된 심리는 같은 인간이 다가가서 풀어내야 하는 사적이고 미묘한 감정의 영역이다. 사람의 마음을 정형화된 패턴으로 인식하기는 매우 어렵다.

만약 어떤 고객이 휴대전화를 구입하기 위해서 인공지능 로봇과 상담을 하게 된다면 인공지능 로봇은 그동안 고객이 사용했던 휴대전화 기종 목록이 쌓인 데이터를 바탕으로 고객에게 제품을 추천하게 될 것이다. 하지만 고객은 변덕이 심하다. 과거의 패턴에 따라 움직이지 않는다. 어제까지 좋아하던 제품을 오늘부터 싫어할 수도 있다.

> A사 휴대전화만 써왔던 사람이라면 인공지능 로봇도 고객의 취향이 A사와 적합하다고 생각해서 A사를 추천할 확률이 높겠죠. 그런데 고객은 오히려 A사 휴대전화에 대해서 알게 모르게 불만이 쌓여 있을 수도 있어요. 고객 중에는 자기의견을 드러내놓고 표현하지 않거나 표현할 줄 모르는 사람도 있어요. 사람과 사람이 대화를 할 때 그런 미묘한 마음이 드러납니다.
>
> 【유소연 매니저, 장안TWD센터】

고객은 매뉴얼이나 데이터에 의해서 파악되는 패턴을 갖고 있지 않다. 사람에 따라서는 자기 생각을 마음속으로 담고만 있는 경우도 많다. 그런 경우 친근하고 섬세한 대화를 통해서 다가가는 게 상책이다. 그

건 감정과 마음을 가진 사람이 가능한 영역일 것이다. 어떤 데이터를 통하여 파악되는 패턴에서 벗어난 인간적인 심리적 대응이 필요한 것이다.

고객 집에 인터넷을 설치하는데 인터넷 라인이 외부에서 들어와야 했어요. 그러려면 건물주의 허락이 있어야 했는데, 세입자 입장에서는 말하기가 곤란했던 모양이에요. 고객이 취소할까 망설이던 상황이었는데, 건물주 전화번호를 알려달라고 해서 직접 전화를 걸어서 양해를 구했습니다. 다행히 건물주는 그러라고 선선히 허락해 주었죠. 만약 인공지능 로봇이라면 건물주에게까지 전화를 해서 문제를 해결해 줄 수 있을까요? 이런 상황을 해결하는 건 인간이 발휘할 수 있는 기지가 아닐까 싶어요.

【소연철 매니저, 마포CRM센터】

인간만이 가지는 공감과 배려

기계는 정확할 지라도 인간이 입력한 틀 안에서 움직인다. 변칙적이고 창의적인 대응은 인간적인 영역이다. 그건 마음이라는 고차원적인 생명이 가진 특유의 활동성에서 비롯되는 것이다.

한번은 중학생이 상담요청을 해왔습니다. 위약금 관련 상담을 하게 됐는데, 약정기간이 많이 남아 있어서 위약금 금액이 컸고 기존에 쓰던 요금도 높았어요. 만약 기계가 상담을 했다면 학생이 문의한 위약금 관련 상담을 정확하게 했겠지만, 사정이 있는 것 같아 학생과 이야기를 나눠봤어요. 조심스럽게 가족 상황을 물어봤더니 부모님이 모두 사망한 상태였던 거예요. 기존에 쓰던 인터넷 요금이 비싸서 저렴한 걸 쓰려고 상담을 요청한 거였어요. 만약 기계가 상담했다면 위약금 관련 정보와 처리방법을 안내했겠지만 저는 마음이 짠했어요. 명의자가 사망한 경우에는 위약금 없이 처리가 되니까요. 그래서 위약금 처리하고 학생 명의로 저렴한 상품으로 변경해주었죠. 챙겨줄 수 있는 건 다 챙겨주었어요. 인공지능 로봇이 상담을 해서 규정대로, 원칙대로, 매뉴얼대로 했다면 어땠을까 싶어요.

【김종현 매니저, 마포CRM센터】

　　일부 기업에서는 고객 상담에 녹음된 음성을 사용하기도 하지만, 일방적인 내용 전달에 그쳐서 그다지 실효성을 거두지 못하고 있다. 향후 진화된 인공시능 로봇이 텔레마케팅 영업을 할 때 예상되는 장점도 물론 많다. 24시간 상담이 가능하고, 거칠고 퉁명스런 고객의 태도에도 개의치 않고 원기 왕성한 대응이 가능할 수도 있을 것이다. 하지만 아직까지는 인공지능 로봇이 인간의 감성과 마음을 따라오기는 힘들 듯하다.

인공지능 로봇이라면 상담사들이 해주는 공감 표현을 제대로 할 수 있을까요? 고객들이 겪고 있는 불편에 대해 공감을 못해줄 것 같아요. 상담 내용에 대해서 처리가 어려운 경우 "안 됩니다, 그렇게는 할 수 없습니다"라고 말하는 것과 "고객님 제가 백방으로 알아봤는데 요청대로 처리가 되긴 어려울 것 같아요. 도움을 드리려고 상위 실장님을 통해서 확인 해봤지만 어려울 것 같아요, 불편을 드려서 정말 죄송합니다." 이렇게 이야기하는 것은 듣는 입장에서 확연히 다를 것 같아요.

【구혜림 매니저, 장안TWD센터】

불만고객은 언제나 존재하기 마련이다. 불만고객이 완전히 등을 돌리지 않게 하기 위해서는 고객이 겪고 있는 불편사항에 대하여 공감을 해주는 것이 우선이다. 고객의 요구사항을 해결할 수 있는지, 없는지는 그 다음 문제다. 소통이나 공감 과정 없이 그냥 매뉴얼대로 처리하려는 것을, 기계적인 대응이라고 한다. 불만고객은 아직 고객이지만, 기계적인 대응을 받은 고객은 영원히 기업으로부터 등을 돌리고 만다. 누구나 문제를 겪기 마련이지만 이를 해결할 의지가 없는 기업은 신뢰할 수 없기 때문이다.

고객에게 진심이 닿아야 해요. 뭔가 접수하도록 하는 것은 두 번째 문제이고, 진심으로 다가가면 나중에 알아서 찾더라고요. 인공지능이 등장하면 지금보다 수요가 줄어들지 모르겠지만 한편으로는 있을 수밖에 없는 꼭 필요한 직업이라는 생각도 듭니다. 상담을 하다 보면 당장 보상을 요구하는 게 아니라 고객이 안고 있는 문제나 불만을 누군가가 그냥 들어주는 것만으로 풀리는 경우도 많으니까요. 만약 제가 고객이라면 컴퓨터에 대고 이야기를 할까요? 아무리 발전된 인공지능 로봇이라도 사람이 지닌 진심과 공감을 할 수 있을까 싶어요.

【이다은 매니저, 장안TWD센터】

사람은 마음이 통하는 상대에게 관대해지기 마련이다. 웬만한 손해가 나도 넘어가고, 괜찮은 이익도 포기할 줄 안다. 낯선 관계라도 같은 인간으로 주고 나눌 수 있는 공감과 배려가 여전히 가장 중요한 가치이기 때문일 것이다.

감정 전달이 텔레마케터의 일이라고 생각해요. 단순히 요금을 설명하는 건 초등학생, 중학생도 할 수 있는 일이죠. 그런데 전문적으로 훈련된 텔레마케터가 상담을 하는 이유는 상황에 걸맞은 공감과 표현으로 안내를 하기 위해서가 아닐까요? 한번은 혼자 사는 여성분과 상담을 하게 되었어요. 고객이 "제가 혼자 있는데 어떻게 하면 좋을까요?"라고 제게 물으셨는데, TV를 틀어놓고 계시라고 말했어요. 사람이 있는 것처럼요. 솔직히 그렇게 서로 대화를 나누는 건 감정이 들어있는 거잖아요. 고객님 혼자 거주하시는 거냐고, 요즘 세상이 너무 흉흉한데 같이 걱정을 나누고, 마무리할 때는 유머러스하게 해서 고객도 마음을 열게 됐죠.

고객 입장에서는 작지만 배려 받는 느낌이었을 거예요.

【이재원 매니저, 마포CRM센터】

텔레마케팅의 의미는?

[전화번호부에 지면 광고 얻기 위해 전화 사용한 것에서 유래]

텔레마케팅(Telemarketing)이란 단어에서 전화를 뜻하는 'Telephone'이라는 낱말과 시장거래를 뜻하는 'Marketing'이라는 낱말의 합성어 정도로 여겨져 왔다. 1930년대 미국의 도넬리(R.H.Donndley)가 직업별 전화번호부에 지면광고를 얻기 위해 광고주에게 전화를 사용했던 것이 텔레마케팅의 효시로 알려져 있는데 텔레마케팅의 역사 중에서 초창기 1950년대까지는 그와 같은 정의가 통용됐다. 하지만 지금은 'Telemarketing'에서 'Tele'이란 약칭이 'Telephone'에서부터 비롯된 것이 아닌 'Telecommunication(정보통신)' 혹은 불어의 'Telematique'(전화와 컴퓨터를 조합한 정보서비스시스템)에서 유래된 것으로 보는 경향이 지배적이다.

4차 산업혁명 이후에도 살아남을 직업

미래학자들은 4차 산업혁명 후에도 오랫동안 남아있을 수 있는 직업은 누군가와 사회적 상호작용을 한다거나, 그러한 소통을 통해 설득하고 공감하고 타협하고 조정하는 능력을 필요로 하는 일이라고 입을 모은다. 만약 경비원이라는 직업이 CCTV를 달고 자동문을 설치해 해결할 수 있다면 빠른 시간 내에 사라질 직업이 될 것이다.

하지만 아파트 구석구석을 돌아다니며 문제를 해결하고 주민들의 민원을 해결하는 일이 상당 부분을 차지한다면 아파트 경비원이라는 직업은 오래도록 세상에 필요한 일이 될 것이다. 누군가의 마음을 헤아리는 일을 언젠가는 인공지능 로봇도 할 수 있을지 모르겠지만, 뇌에서 일어나는 변화를 마음으로 환원해 업무를 수행하는 일자리는 한동안 대체하기 어려울 것이다.

텔레마케터는 디지털 시대에 굉장히 아날로그틱한 직업이 아닌가 생각합니다. 단순한 정보와 지식의 전달이라면 기계만큼 잘할 자신이 없겠지만 기계가 사람의 감정을 느끼고 공감할 수는 없으니까요. 정보의 전달이 아닌 귀 기울여 듣고 공감하는 일을 하는 게 상담사로서 본분이 아닐까 싶어요. 미래에는 저희들 상담원처럼 누군가의 이야기를 듣고

【조치호 매니저, 장안TWD센터】

아웃바운드 텔레마케터라는 직업은 고객의 마음을 얻어서 실적을 올려야 하는 영업직 특유의 불확실성 때문에 힘든 직업이라고 한다. 하지만 영업직 특유의 불확실성 때문에 4차 산업혁명 이후에 오히려 빛을 발할 수 있는 직업이 될 가능성도 높다.

사람의 마음을 움직여야 하므로 업무수행 과정에서 관계 형성이나 감성적 스킬이 그만큼 많이 필요한 직업이다. 영업직 특유의 불확실성이라는 측면은 정해진 패턴으로 규격화된 데이터로 인공지능의 칩에 담기긴 그만큼 어렵다.

곧 도래할 4차 산업혁명 이후 인공지능 로봇이 인간의 감성과 얼마나 비슷한 수준으로 발전될지 모르지만, 미래학자들이 예견한 만큼 텔레마케터라는 직업이 가장 빨리, 가장 많이 인공지능 로봇으로 대체되긴 어려울지도 모른다. 어쩌면 인간만이 수행할 수 있는 미래의 각광받는 유망 직업으로 거듭날지도 모른다.

'갑질' 고객보다 더 무서운 '실적' 압박

3개월 버티면 오래 버텨

"자연의 봄은 어김없이 오지만 인생의 봄은 만들어야 온다."

2014년 초 JTBC 탐사플러스에서는 '전화기 뒤에서 매 맞는 텔레마케터'라는 주제로 보도를 했다. 영상에는 팀장이 텔레마케터들에게 스스로 뺨을 때리게 종용하거나 우산으로 폭행을 당하고 오리걸음을 걷게 하는 벌칙을 수행하게 하는 장면이 담겨있었는데 그때 팀장이 텔레마케터들에게 따라 복창하라고 했던 말이 바로 이 글 첫머리에서 소개했던 말이다.

팀장의 비인격적인 가혹행위의 이유는 매출 부진이었다. 실적을 만들어야 오는 인생의 봄, 희망이나 행복을 상징하는 봄에 관한 격언이 사용된 사례 중에서 어쩌면 가장 등골 서늘한 상황일 것이다.

2014년 10월엔 텔레마케터가 자동차 안에서 번개탄을 피워놓고 자살하는 사건이 발생했다. 그가 사망한 자동차 안에서는 노동부에 제출할 목적으로 쓴 진정서가 발견됐다. 마지막으로 남긴 그 짧은 글 속에서도 그동안 얼마나 심각한 실적 압박과 노동 착취에 시달렸는지 짐작할 수 있었다.

2008년 국가인권위원회가 발표한 '텔레마케터 인권상황 실태보고서'에 따르면 상담원들의 이직 고려 사유 중에서 높은 순위를 차지하는 것이 낮은 임금과 업무실적 등에 대한 압박으로 조사됐다.

감정노동과 악성고객에 의한 스트레스가 텔레마케팅 업무를 가장 힘들게 할 것 같지만, 실제로 텔레마케터들을 괴롭히는 것은 영업실적과 실적이 반영된 낮은 임금이었다.

텔레마케터들 사이에서는 한 직장의 근속기간이 3개월 이상이면 정말 오래 버틴다는 이야기가 있다. 그만큼 텔레마케터들에게 영업실적은 중요한 문제이고, 이에 대한 심리적인 압박도 크다.

텔레마케터의 고통과 비애를 드러내는 충격적이고 극단적인 사례들이 잊을 만하면 새롭게 등장하고 있다. 이것은 텔레마케터를 지나치게 압박하고 소비자들을 우롱하는 일부의 비상식적이고 불건전한 텔레마케팅 운영행태가 여전히 존재하고 있으며 쉽게 뿌리 뽑기 어렵다는 것을 보여주고 있다.

텔레마케팅 관련 업체마다 구성원들에게 요구하는 실적 압박은 천차만별이다. 위의 사례처럼 비상식적인 행태를 보이는 곳도 있지만 텔레마케팅 업체가 전부 그런 것은 아니다. 업체와 판매하는 상품 및 서비스의 성격에 따라서 구성원들이 느끼는 실적에 대한 압박의 강도도 다르다.

상담은 입이 아니라 엉덩이로 한다

홍성철 팀장(CRM본부)과 함께 일했던 한 직원은 카드 회사에서 아웃바운드 텔레마케터로 일한 적이 있는데 당시 실적 압박을 무척 심하게 느꼈다고 한다. 회사 내 높은 직위의 사람이 팀의 리더나 실장들에게 압박을 주면, 그 압박이 다시 직원들에게 내려왔다. 소리를 지르거나 심할 때는 물건을 집어던지기도 하고 실적이 낮은 사람들을 늦게까지 사무실에 남겨 놓고 잘하는 사람들의 콜을 억지로 듣게 하는 경우도 있었다.

SK텔레콤 아웃바운드 영업부서에도 실적압박이 전혀 없는 건 아니지만, 앞에서 언급한 카드사처럼 숨 막히게 압박을 주는 일은 없다고 한다. 너무 오랫동안 실적이 나오지 않을 경우 아웃바운드에서 인바운드 부서로 보내는 정도지 심하게 닦달하거나 몰아세우지는 않는다고 한다. 아무래도 카드 회사보다 이동통신 서비스 판매에 대한 일반인들의 인식이 더 낮고 영업을 위한 고객 데이터베이스 관리도 잘되고 있기 때문일 것이다.

SK텔레콤의 경우 고객 데이터베이스를 바탕으로 고객들과 지속적인 접촉과 관리를 통해 서비스를 판매하는데 비해 그 직원이 다녔던 예전의 카드사에서는 전국의 수천, 수만 명의 고객들에게 무작위로 오토콜을 돌렸다고 한다. 누가 받든 무조건 세일즈를 해야 했고, 통화했던 고객과 다시 통화하기 힘든 오토콜이어서 한 번에 가입을 유치하도록 무리한 세일즈를 하게 되는 경우가 많았다.

가입 권유 전화를 하면서 고객들에게 욕도 많이 먹었다. 상황이 그렇다 보니 잘할 때는 급여가 높아서 좋지만 조금이라도 실적이 떨어지면 오래 버텨낼 수 있는 분위기가 아니었다. 그 직원은, 예전의 카드사와 비교하면 확실히 SK텔레콤에서는 실적에 대한 압박을 덜 받으며 마음 편하게 일하게 되었다고 말했다.

SK텔레콤 텔레마케터들의 경우 실적에 대한 압박은 다른 업체의 텔레마케터들에 비해서 좀 덜한 편이지만 이에 못지 않게 중요하게 평가하는 항목이 있다고 한다. 하루 고객과의 순수 통화시간이 적어도 2시간30분 이상은 돼야 기본 실적을 낼 수 있어서 최소한 그 이상의 통화시간을 요구하고 있다. 하지만 막 들어온 신입사원은 서툴다보니 그보다 훨씬 많은 3시간, 4시간씩 통화를 하는데도 실적이 덜 나오는 경우가 많다. 그렇더라도 지켜봐주는 분위기라고 한다. 대신에 인터넷 창을 같이 띄워놓고 딴청을 피우면서 근무시간을 대충 때우는 경우는 제재 대상이다.

콜 돌려서 소리샘까지 가는데 1분 정도 시간이 소요되는데, 딴 짓하느라 2~3분 씩 흘려보내면 절대 하루 3시간 반이라는 통화시간이 나올 수 없어요. 통화가 끝나자마자 바로 바로 다음 전화를 거는 일을 하루 종일 해야 간신히 3시간 반 정도를 채울 수 있죠. 간혹 이곳을 직장이 아니라 친목모임처럼 생각하는 사람들이 있긴 해요. 진입 문턱이 낮다 보니까 워낙 다양한 사람들이 와서 그런 것 같아요. 하루하루 업무를 어떻게 하는지 자세나 태도가 중요하죠.

【이재형 매니저, 마포CRM센터】

상담은 입으로 하는 게 아니라 엉덩이로 한다는 말이 있다. 영업실적을 올리기 위해선 말솜씨가 뛰어난 것도 중요하지만 그것만큼이나 중요한 게 꾸준한 끈기와 진득함, 그리고 성실성이다.

각양각색의 상황과 사례를 많이 접하면 접할수록 상담원의 경험치는 그만큼 올라가기 마련이다. 고객을 바라보는 시야가 넓어지고 깊어지면서 문제해결 능력도 함께 좋아질 수밖에 없다. 그렇기 때문에 당장 눈앞의 실적을 올리는 것만큼이나 고객과의 접촉 빈도와 시간을 끌어올려야할 필요가 있다. 의자에 엉덩이를 붙이고 끊임없이 다음 콜을 누르며 더 나은 상담을 고민하고 연구하는 상담원이라면, 조직은 그 상담원을 신뢰할 수밖에 없다. 당장 실적이 나오지 않더라도 얼마든지 기다릴 수 있다.

실적 부진자를 위한 도움의 손길

"실적이 많이 낮은 사람들을 어떻게 하면 좋을까?"

김근호 매니저는(마포CRM센터)는 몇 년 전 그룹장, 실장들과 점심식사를 하면서 이 문제에 대해서 함께 머리를 맞대고 깊이 고민한 적이 있었다. 그런 사람들을 쳐내고 새로운 사람들을 뽑는 게 맞는가, 아니면 그들을 끌어올리는 게 맞는가를 놓고 장시간 이야기를 나눴다.

그때 대부분의 사람들이 동의했던 내용은 "잘하고 싶은 의지가 있는 사람이라면 당연히 도와줘야 한다"는 것이었다. 아무리 기업의 목적이 이익 창출이라고 하지만 실적이 나오지 않는다는 이유만으로 누군가를 낙오시키는 건 아니라는 결론이었다. 잘하고자 하는 욕심이 없고 그냥 흘러가는 대로 기본금만 받아가려는 사람들이라면 같이 가기 힘들겠지만, 하려고 하는 의지가 있는 사람들에 대해서는 어떤 방식으로든 지원을 해줄 수 있는 방안을 찾기 위해 머리를 맞댔다.

그러한 논의의 결과 등장한 아이디어가 실적 부진자들을 위한 별도의 실(室)을 만들자는 것이었다. 그곳에서 리더들이 이들을 대상으로 상담 기술을 향상시킬 수 있는 교육을 계속 해보기로 했다.

각 팀에서 실적이 부진한 사람들을 한두 명씩 뽑아서 '향기자'라는 이름의 모임을 만들고 교육을 따로 진행했다. 회사 차원에서도 '향기자' 모임의 구성원들을 적극 지원하고 격려했다.

얼마 후 '향기자' 모임 중에서 실적이 눈에 띄게 오르는 사람이 등장하기 시작했다. 그 중에서는 실적이 최하등급인 D등급에서 A등급까지 단기간에 상승한 사람도 있었다. 주변 사람들이 응원하고 노하우를 알려주면서 '향기자' 사람들 중에는 자신감을 되찾은 사람들이 많았다.

회복된 자신감을 발판으로 스스로 노력하는 방법도 터득해나갔다. 한동안 실적이 없더라도 스스로 잘하겠다는 의지가 있는 사람이라면 충분히 기회를 주고 기다려주는 게 옳았다. 그들이야말로 누구보다도 더 높이 오를 '향상 기대자'이기 때문이었다.

어느 조직이든지 자기 일에 열의를 가지고 꾸준히 노력하는 구성원들이 있다. 하지만 주변 여건이 받쳐주지 않으면 그러한 노력들이 제대로 빛을 발하기 어렵다.

다행히도 콜센터는 다른 조직과 달리 잘하는 구성원으로부터 배울 수 있는 기회가 항상 열려있다. 대부분의 조직이나 업계에서는 자신의 노하우를 다른 사람에게 노출하길 꺼려하는 경향이 있다.

하지만 콜센터에서 일하는 사람들끼리는 상담하는 스타일, 내용, 심지어 멘트까지 똑같이 모방해도 상관없다. 오히려 권장하는 분위기다.

고객과 상담원의 법적보호를 위하여 상담의 전 과정을 녹음으로 남기도록 하고 있는데 그러한 녹취자료들을 바탕으로 고객 상담의 전반적인 흐름을 익힐 수 있다. 상담업무 이외에 따로 시간을 내어 다른 상담원의 잘 된 콜을 듣거나 콜을 베껴 쓰면서 상담 노하우를 자기 것으로 만들 수 있다.

또는 자신의 상담 콜을 모니터링하면서 어떤 부분이 괜찮았는지, 어떤 부분이 잘못돼 보완이 필요한지 연구할 수 있다. 뿐만 아니라 함께 현장에서 일하는 동료 중에서 실적 상위자들이 자신만의 노하우와 경험을 정리해 강의형식으로 알려주는 다양한 특강들이 마련돼 있다. 하고자 하는 의지와 열정이 있는 사람에게 다양한 경로와 방법으로 주변의 동료들이 도움의 손길을 내밀고 있다.

목소리 예쁜 젊은 여성의 전유물?

예쁜 목소리보다 편한 목소리

고객은 텔레마케터의 목소리를 통해 제품과 서비스를 알아간다. 텔레마케터의 목소리는 곧 기업의 얼굴이 되어 기업 이미지 형성에도 매우 중요한 역할을 하고 있다.

텔레마케터는 기본적으로 상대방을 기분 좋게 배려하는 마음이 목소리에서 느껴질 수 있을 정도로 친절하게 응대하는 것이 중요하다. 따라서 젊고 목소리가 예쁜 여성이 텔레마케터를 하는데 가장 적합한 사람이라는 인식이 있었다.

하지만 요즘은 그런 분위기가 많이 바뀌고 있다. 우선 고객들이 좋아하는 목소리 추세부터 변했다. 예전에는 목소리 추세가 변했어요. 예전에는 '솔'

음정의 목소리에 "안녕하십니까?"하고 말하고 뒤에 웃음이 몇 번 들어가야 하는 응대법이 있었는데, 지금은 그런 규칙들이 많이 사라졌다.

고객 입장에서 안정적으로 편하게 들을 수 있는 목소리라면 굳이 정해진 틀은 없는 편이다. 편한 목소리로 말을 해야 상품에 대해서 오랫동안 자세하게 설명을 들을 수 있기 때문이다.

> 일을 잘하는 구성원들의 녹취를 들어보면 목소리에 기복이 별로 없어요. 목소리 톤은 비슷한데 강조를 해야 할 부분에서 강하게 '탁' 이야기하고 잠깐 쉬고 이런 식으로 이야기를 이어가면서 상대방을 편안하게 하죠. 목소리가 예쁘거나 좋아야 한다기보다 신뢰가 가도록 통화하는 게 중요한 것 같아요.
>
> 【이한영 실장, 마포CRM센터】

아웃바운드는 오히려 남자 비율 높아

얼마 전까지만 해도 콜센터에는 젊은 여성의 목소리가 주로 들렸다. 하지만 요즘은 남자 상담원의 목소리가 제법 많이 들려온다. 아웃바운드 텔레마케팅 영업부서에는 오히려 남자 상담원 비율이 더 높아져서 남녀의 비율이 7대 3 정도까지 되는 곳도 꽤 있다.

젊고 예쁜 여성의 목소리 일변도에서 벗어나 다양한 스펙트럼의 개성 있는 목소리를 가진 상담원이 많아졌다. 실제로 현장에서는 중저음의 중후한 사장님 목소리를 가지고도 영업 상위권을 차지하고 있는 상담원도 있다.

목소리가 중요한 것 같지는 않아요. 그것보다 고객이 필요한 것을 파악하는 센스가 중요해요. 어떤 고객과 상담을 하면서 고객 이야기를 듣고 어떤 기기가 필요한지 빠르게 파악해 알려드렸더니 굉장히 만족해하면서, 통화가 끝날 즈음에는 우리 회사에서 일해 볼 생각이 없느냐고 물어오시기도 했죠.

【김태훈 매니저, 장안TWD센터】

예전 같으면 상담원으로서 결격사유가 될 만한 조건을 가진 사람도 텔레마케터로서 훌륭히 자신의 업무를 소화해 나가고 있다. 물론 자연스럽고 개성 있는 목소리가 허용되는 분위기라도, 고객에게 반드시 전해줘야 하는 건 신뢰감 있는 목소리, 진정성 있는 목소리다.

텔레마케터는 전화로 제품이나 서비스를 구매하도록 고객을 설득하는 식업이므로, 그만큼 고객이 믿고 신뢰할 수 있도록 해야 고객의 마음을 열 수 있다.

'상담원이 나에게 상품을 팔려고 하고 있구나'하는 것이 너무 강하게 느

꺼지면 고객은 마음을 닫게 됩니다. 감기에 걸려 목소리가 안 나와서 "고객님, 정말 죄송해요. 제가 감기에 걸려서 목 상태가 많이 안 좋아요." 이런 상황이라도 상담원을 신뢰할 수 있고 진정성을 느낄 수 있으면 고객은 오히려 그런 상황을 이해해주고 안쓰러워해 주죠. 정말 중요한 건 목소리에서 나오는 게 아닌 것 같아요.

【이다은 매니저, 장안TWD센터】

무조건 친절보다 때론 과단성 보여야

아웃바운드 텔레마케터는 무조건 친절할 필요가 없다고 이야기하는 상담원도 있다. 고객접점 업무의 특성상 상대방을 편안하고 기분 좋게 하는 배려와 상냥함과 유쾌함은 기본적으로 필요하지만, 영업실적을 내야 하는 아웃바운드 텔레마케터는 때론 우물쭈물 하는 고객을 이끌어 나가는 과단성도 있어야 한다고 한다.

고객이 고민하는 것이 보이면 저는 바로 이렇게 말합니다.
"고민할 필요 전혀 없습니다, 지금 하세요, 지금이 기회입니다."
조금 강압적인 편이죠. 그래서 제 상담은 호불호가 갈리는 편입니다. 상담원은 무조건 친절해야 한다고 생각하는 고객과는 잘 맞지 않아요. 사람들은 대부분 선택장애가 있다고 생각합니다. 특히 고가의 물건을 사야할 때는 갈등에 빠지게 될 수밖에 없죠. 그런데 누군가가 "이거 하세요, 좋습니다"하고 권유를 하면 '이거 정말 괜찮나?' 하는 생각이 들기 마련이죠. 그래서 아웃바운드 텔레마케터는 무조건 고객에게 맞추고 친절할 필요는 없다고 생각해요. 너무 친절하다가는 고객에게 끌려가기만 하게 되니까요.

【이수희 매니저, 장안TWD센터】

텔레마케터에 어울리는 성격은
따로 있다?

성격 소심하면 실적도 소심

텔레마케터는 전화로 상대방을 설득하여 제품이나 서비스를 판매하는 직업이다. 고객이 전화 통화를 피하거나 제품이나 서비스 구매를 거절할 경우 탄력적으로 대응할 수 있는 커뮤니케이션 능력이 필요하다. 또 강한 도전의식과 목표의식이 요구되는 직업이어서 적극적이고 활달한 성격을 가진 외향적인 사람들에게 어울리는 직업으로 인식되어 왔다.

실제로 고객에게 먼저 전화를 걸어서 뭔가를 소개하려면 외향적인 성격이 유리한 것이 사실이다.

신입들에게 교육할 때 평소 성격이 소심하더라도 고객에게 전화할 때

   내 꿈은 오늘도 통화 중

는 무조건 거울을 앞에 두고 웃으면서 하라고 합니다. 평소 자신이 말하는 것보다 입은 두 배로 크게 벌리고, 혀도 더 내밀고 웃음기를 머금으라고 하죠. 성격이 소심한 사람이라고 해도 고객과 전화할 때만이라도 외향적인 텔레마케터가 돼야 합니다.

【김근호 매니저, 마포CRM센터】

외향적인 성격을 가진 텔레마케터들은 스스럼없이 마음 편하게 낯선 사람들과도 대화를 이어갈 수 있는 장점을 지니고 있다. "소심한 성격의 사람은 실적도 소심하게 나온다는 것"이 외향적 성격을 가진 텔레마케터들의 주장이다.

고객이 망설이거나 거절하면 이렇게 말합니다.
"고객님 아까부터 계속 안 하신다면서 지금 저랑 9분 째 통화하고 있는데 점점 하실 마음이 생기시죠?"
그러고 나서 15분쯤 지났는데도 하겠다는 이야기를 안 하면 다시 한 마디 하죠.
"고객님 이제 15분 됐어요."
고객이 막 웃으시면 정말 하겠구나 싶어서 바로 본론으로 들어가죠.
"어떤 상품권 고르시겠어요?"
"어휴, 정말 못 이기겠어요."

그러면 "가입해주세요"라고 하죠.

【강성경 매니저, 마포CRM센터】

말 많은 것과 말 잘하는 것은 다른 문제

물론 내성적이고 조용한 성격의 사람들이 텔레마케팅 업무를 잘하지 못한다는 것은 편견이다. 실제로 현장에 가보면 평소 생활에서 매우 조용하고 내성적인 사람들이 의외로 텔레마케터로 뛰어난 능력을 발휘하는 경우도 많다.

다른 텔레마케팅 회사에서 일할 때, TV에서 보던 개그맨을 봤어요. 말도 잘하고 엄청 외향적인 사람이어서 회사 분위기도 잘 이끌어갔죠. 그런데 한 달 만에 퇴사하더군요. 텔레마케터 일은 '멘탈' 싸움이지 고객에게 웃음이나 재미를 전달하는 게 아니잖아요. 진중하고 목소리 작은 사람도 충분히 할 수 있습니다. 마인드 관리를 얼마나 잘하느냐가 관건이죠. 업무 지식은 노력하면 쌓을 수 있어요.

저는 원래 엄청나게 소심해서 사람들이랑 친해지기 어려운 사람이었는데, 얼굴을 직접 마주하는 상황에서는 소심한 성격이 많이 드러날 수 있지만 직접 얼굴을 보지 않고 통화하는 것이니까 편하고 자신감 있게 할 수 있었던 것 같아요.

【이규환 매니저, 마포CRM센터】

텔레마케터는 직접 고객과 얼굴을 마주하지 않고 전화로 고객과 대화를 하기 때문에 일반적인 대인 서비스와는 조금 다르다. 낯선 사람을 대하는 것이 어색하고 부자연스러운 사람도 전화로 통화를 하기 때문에, 오히려 대면을 하는 일보다 더 편하게 일하고 있다고 한다.

제가 내성적이어서 그런지 텔레마케터는 오히려 내성적인 성격의 사람들에게 더 잘 맞는 일 같아요. 고객 중에서도 내성적이고 조용한 상담원이 좋다고 하는 사람이 많아요. 외향적이고 활발한 상담원은 고객이 말할 시간도 안 주고 자기 말만 하는 경우가 많다고 해요.
차라리 조용조용 이야기하면서 고객이 뭘 원하는지 들어주는 상담원이 더 편하대요. 말 잘하는 것과 말이 많은 것과는 다르잖아요. 고객의 말을 잘 들어주고, 말을 한 번 하더라도 조리 있고 임팩트 있게 하는 게 중요하죠.

【유소연 매니저, 장안TWD센터】

텔레마케터를 연기하다

텔레마케터는 성격도 중요하지만 고객 성향이 어떤가에 따라 대응방법이 달라져야 한다. 내성적이거나 외향적인 성격 그 자체보다 고객에 따라 유연하게 대처하는 것이 더 중요하다. 자신의 응대방법을 고객의 성향에 따라 변화시켜야 고객이 편안하게 상담을 받을 수 있다.

> 텔레마케터의 성격이 다양하듯이, 고객들의 성향이나 개성도 다양합니다. 그래서 고객과 호흡을 맞추는 게 정말 중요하죠. 고객과의 대화를 통해 고객의 니즈를 파악할 수 있으니까요. 텔레마케터는 어느 정도 연기력을 갖춰야할 것 같아요. 그래야 각양각색의 성향을 가진 고객들에게 맞출 수 있을 듯합니다.
>
> 【소연철 매니저, 마포CRM센터】

내성적이고 조용하던 사람도 헤드셋만 끼면 장군처럼 목소리가 우렁차게 변하고, TV쇼 진행자처럼 쾌활해지는 사람들이 더러 있다. 실제 성격은 내성적이지만 전화할 때는 바뀌는 것이다. 고객이 내성적이면 스스로를 외향적인 사람으로 바꾸고, 고객이 외향적이면 차분한 사람으로 자기 자신을 바꾼다. 오랫동안 텔레마케터 일에 부딪히면서 자신을 업무에 맞게 변화시키려고 부단히 노력한 결과일 것이다.

아웃바운드 상담을 잘하는 상담원들에게는 공통점이 하나 있다. 그것은 바로 고객이 대화에 참여하도록 만드는 것이다. 텔레마케터가 안내하는 제품에 대해 고객이 호기심을 갖고 계속 질문을 한다는 것은 마음의 문이 어느 정도 열렸다는 뜻이다.

그런 상황을 가능하게 만드는 것은 성향이나 성격의 문제라기보다 고객과의 관계 설정, 커뮤니케이션 방향성의 문제다. 고객에게 많은 말을 하는 것보다 고객이 스스로 질문하고 스스로 대답할 수 있도록 이끌어가는 텔레마케터가 진정 뛰어난 텔레마케터라고 할 수 있다.

데이터베이스 속 잠든 고객을 깨우다

텔레마케터의 자원 보고(寶庫), 고객 DB

텔레마케터들이 매일 아침 출근해서 컴퓨터 앞에 앉으면 서버에서 자동으로 생성하고 나눠 놓은 고객의 전화번호가 뜬다. 물론 모두 고객들이 이전에 마케팅 전화수신에 동의를 한 명단들이다.

텔레마케터에게 고객 데이터베이스는 농부에게 땅, 어부에게 바다와 같은 자원이다. 땅과 바다의 상태가 어떠한가에 따라 수확의 질과 양이 달라지는 것처럼 고객 데이터베이스의 질이 얼마나 좋은가에 따라 그날의 영업 실적이 달라지기도 한다.

매일매일 분배되는 데이터베이스의 고객 성향에 따라 하루, 혹은 한 달 실적이 천국과 지옥을 오갈 수 있다. 배분받은 고객 명단이 양질의 데이터

베이스라면 가입 유치를 많이 할 수 있고, 그와 반대로 고객 데이터베이스
가 좋지 않다면 가입 유치에 어려움을 겪을 수도 있다.

처음 전화를 건 고객이 바로 청약에 들어가는 상황이 발생하기도 하는데
이런 경우 텔레마케터들은 운으로 계약이 성사됐다고 말한다. 하지만 이런
경우는 아무리 많이 잡아도 30%를 넘지 않는다. 대부분의 성과는 텔레마
케터가 며칠, 혹은 몇 달 동안 고객과 지속적으로 접촉하면서 노력해서 얻
어낸 결과물이라고 할 수 있다. 그렇게 할 수 있는 것이 텔레마케터들의 실
력이자 능력이다.

> 운보다는 마인드가 중요하죠. 아침에 밝고 명랑하던 목소리가 조금만
> 통화하고 나면 가라앉기 쉬운데 그런 것들을 이겨낼 수 있도록 스스로
> 마인드 컨트롤을 잘해야 합니다. 고객들이 거절하면 반론을 하기 마련
> 인데요. 반론도 처음부터 끝까지 빠뜨리지 않고 다 해야 반송이 생기지
> 않는데 컨디션이 좋지 않아서 빼먹는 것이 있으면 청약을 하더라도 개
> 통이 떨어지지 않는 경우가 생겨요. 운 좋게 연결이 됐다고 해도 세세한
> 부분을 챙기지 않으면 그것이 결코 결과로 이어지지 않습니다.
>
> 【김근호 매니저, 마포CRM센터】

얼마 전까지만 해도 텔레마케팅 전화에 대한 사람들의 반응
은 지금처럼 냉랭하지 않았다. 하지만 너무 자주 걸려오는 영업성 전화에

고객들의 피로도가 높아져 어느 때보다 고객 유치 경쟁이 치열해졌다. 단순한 운이나 데이터베이스의 질만으로는 어려워진 영업 환경을 헤쳐 나가기 어려워졌다.

2011년~2012년에는 네 콜에 한 콜 정도의 고객이 상품 안내를 하면 하겠다고 했어요. 요즘은 4백 콜 걸면 한 콜 정도 바로 하겠다는 고객이 나타납니다. 1백 배 쯤 어려워진 거죠. 4백 콜을 하려면 이틀 정도 걸리는데 하루에 2백 콜 정도를 시도하면 전화를 받는 고객이 50콜~80콜 정도 밖에 안 됩니다. 어디서 전화가 왔는지 알려주는 스마트폰 어플이 나와서 너무들 전화를 안 받으시죠. 고객이 전화를 받을 수 있는 시간에 내가 맞춰서 전화하는 것도 운이라고 할 수 있겠지만 4백 콜 중 한 콜 정도가 운으로 청약이 들어가는 정도고 나머지는 자기 실력으로 해나가는 거라고 봐요.

【김준형 매니저, 마포CRM센터】

'DB빨'보다는 실력

텔레마케터들이 딛고 서 있는 땅이 전에 없이 척박해졌다. 그래서 데이터베이스 탓을 하면서 회사를 그만 두고 더 나은 고객 명단을 찾아서 다른 회사로 옮겨 다니는 상담원들이 종종 있다. 하지만 청약률 높은 양질의 데이터베이스가 어디선가 나를 기다려줄리는 없다. 텔레마케터들에게 제각각 비슷비슷한 데이터베이스가 배분되어도 청약률에서 큰 차이를 보이는 것은 바로 실력차라고 할 수 있다.

보통 DB빨이라고, 고객에 따라 실적이 달라진다고 하는데 저는 그렇게 생각하지 않아요. 상담사도 해보고 실장도 해봐서 진짜 많은 콜들을 들어왔는데 고객은 다 똑같아요. 똑같은 그 사람에게 어떻게 이야기를 해서 내 고객으로 만드는가가 중요하죠. 많은 노력이 필요합니다. 아무 준비도 하지 않고 일하는 것과 준비를 하고 하는 것은 큰 차이가 있습니다. 고객의 전화 사용 패턴이 어떤지, 어떤 요금제를 쓰는지, 데이터는 얼마나 쓰는지, 이런 부분을 확인해서 상담을 해야 합니다. 회사에서 내려온 스크립트만 읽으면서 하는 상담과는 아무래도 다를 수밖에 없죠. 안 되는 날은 안 되는 이유가 있을 겁니다. 잘 됐을 때와 음성 톤이라든가, 속도라든가, 말투도 다를 테고요. 그런 부분을 예민하고 찾아내고 섬세하게 다듬어내야 하는 거죠.

【황진옥 매니저, 마포CRM센터】

데이터베이스에 고요히 저장된 고객들을 텔레마케터가 전화로 흔들어 깨워서 질문을 해야 고객들이 어떤 사람들인지 알 수 있다. 그러한 질문하는 노력과 관심을 기울이는 노력을 기울이지 않는 한 아웃바운드 텔레마케터들은 고객에게 닿을 방법이 없다. 그래서 텔레마케터의 일은 어리석은 영감이 산을 옮기는 듯이 쉼 없이 노력해야 우공이산(愚公移山)의 일이라고 할 수 있다.

모든 고객은 같지 않다

1988년에 설립된 미국의 금융지주회사 캐피털원은 카드회사로 출발, 단기간에 미국 10대 은행의 반열에 오르는 이례적인 기록을 성취한 기업이다. 캐피털원의 놀라운 성장에는 특별한 비결이 하나 있었다. 바로 콜센터를 통한 고객정보 파악이다. 캐피털원은 콜센터 상담원을 통해 수집된 고객구매 행동에 대한 정보를 구축한 덕택에, 어느 고객이 콜센터로 전화를 하면 무슨 이유로 전화를 했는지 예측할 수 있었고, 상담원에게 상담에 필요한 정보를 함께 전달할 수 있었다.

이런 효율적인 시스템이 정착되면서 고객문의와 불만을 더욱 신속하게 처리할 수 있게 됐으며 고객관리 비용도 크게 줄일 수 있었다. 뿐만 아니라 고객전화를 응대하는 동안 얻게 된 고객정보를 통해 다른 상품을 판매할 수 있는 교차판매 기회까지 얻을 수 있었다.

회사의 고객관리시스템으로부터 얻은 정보로 자동차 보험, 대출 등 다른 상품과 서비스를 추가적으로 판매했다. 이렇듯 텔레마케터에 의해 수집된 데이터베이스에 근거한 고객관리는, 변화무쌍하고 복잡 다단한 환경에 놓여있는 기업과 고객 모두에게 윈윈이 될 수 있는 최고의 효율적인 마케팅 전략이다.

기업의 마케팅 활동의 궁극적인 목표는 자사의 제품과 서비스에 대한 정보를 고객들에게 전달하여 구매의욕을 진작시키고 이들을 장기적인 고정고객으로 유치하는 데 있다. 그러기 위해서는 고객과의 일대일 관계형성이 중요한데, 기존의 마케팅 매체들을 이용해서는 오늘날처럼 날이 갈수록 복잡다단해지는 고객의 요구와 취향과 개성을 만족하기는 절차나 비용적인 측면에서 점점 어려워지고 있다.

그렇기 때문에 다양한 부류와 층위의 고객들을 체계적으로 분류하고 묶고 특징짓는 데이터베이스화 작업이 반드시 필요하다. 이러한 작업을 가능하게 하는 것이 바로 고객과 일대일로 접촉하는 텔레마케팅 기법이다.

텔레마케터는 고객과의 일대일 전화를 통하여 커뮤니케이션을 하면서 고객에게 상품과 서비스와 기업에 관한 정보를 유용한 제공하고, 한편으로는 고객의 반응과 의사를 포착하여 고객과 시장에 관한 정보를 수집한다. 이렇게 수집된 정보는 데이더베이스 망으로 구축되어 기업의 여러 마케팅 활동에 활용된다.

특히 고객 맞춤형의 효율적인 텔레마케팅을 수행하는 데 중요한 근거가 된다. 이들 정보를 기초로 고객과 지속적으로 접촉할 수 있게 된다. 이와 같은 텔레마케팅의 장점에도 불구하고 고객 입장에서는 여전히 불편하고 불만스러운 부분이 남아 있는 것도 사실이다.

> 텔레마케팅을 싫어하는 분들이 많죠. 막무가내로 전화를 하는 것처럼 보이니까요. 내 개인정보가 어디로 흘러들어간 게 아닌가 하고 염려들을 하시는 경우가 많은데, 무작정 아무 전화번호나 막 눌러서 해보는 시장이 어딘가에 있긴 할 겁니다. 하지만 우리가 그런 식으로 영업을 했다가는 큰일납니다. 저희는 마케팅 동의를 한 고객들에게만 전화영업을 하게 되어 있습니다. 문제는 고객들이 언제 마케팅 활동에 동의를 했는지 모른다는 거죠. 아니, 모른다기보다 잊어버렸다는 말이 더 정확할 겁니다. 그 부분이 텔레마케팅과 스팸전화를 혼동하게 되는 지점인데, 회원 가입할 때 동의 체크를 하셨던 거죠. 그런 부분을 오해하셔서 아쉬울 때가 많아요.
>
> 【홍성철 팀장, CRM본부 기획팀】

데이터베이스를 활용한다는 점에서 텔레마케팅은 일반적인 전화판매와 구별된다. 그래서 텔레마케팅을 일명 데이터베이스 마케팅이라고 부르기도 한다. 데이터베이스 마케팅의 대전제는 '모든 고객이 같지 않다'는 것이고, 개별고객에 대한 최적화되고 차별적인 마케팅을 통하여 최대의 고객만족을 수행하기 위한 전략적 기법이다.

chapter 2

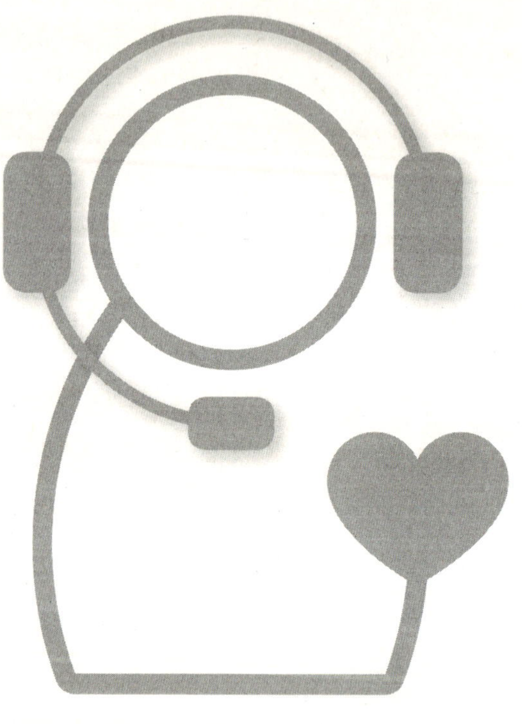

내가 텔레마케터로
살아가는 이유

나는 왜 텔레마케터가 되었나?

각양각색의 텔레마케터 인생

텔레마케터는 직접 사람을 만나지 않고 전화 응대를 하는 업무특성상 취업의 진입장벽이 낮은 편이다. 남녀 구분이 없고, 용모단정이나 고학력, 혹은 특별한 경력을 요구하지도 않는다. 텔레마케터의 가장 중요한 영업 도구인 '목소리'는 다른 신체 기능보다 노화가 더딘 편이라 취업 가능 연령대도 넓다.

텔레마케터의 주 활동 무대인 콜센터의 문을 두드리는 사람들을 살펴보면 그 면면이 무척이나 다양한 것을 알 수 있다. 갓 학업을 마치고 사회생활에 첫발을 내딛는 사회 초년생에서부터 결혼이나 병가로 인한 경력 단절자는 물론 뮤지컬 배우, 개그맨, 번역가 등 전문직 종사자, 노점상에서 인터넷쇼핑몰까지 다양한 사업 경험을 가진 사람들이 있다. 이들 중에는 남들이 부러워하는 유망 직종에 종사하다가 과감하게 그만두고 텔레마케터의 길을 걷는 사람들도 있다.

비슷한 분야라고 할 수 있는 보험이나 카드사의 텔레마케터로 일하다가 통신업계 텔레마케터로 변신하거나 인바운드 텔레마케터에서 아웃바운드 텔레마케터로 '전향'한 사람들도 종종 볼 수 있다.

이들은 왜 텔레마케터라는 직업을 선택하게 됐을까? 어떻게 이 길을 가게 됐을까? 이 질문에 대한 대답은 아마도 텔레마케팅이라는 새로운 직업의 문턱에서 주춤거리는 사람들에게 큰 도움이 될 것이다.

수많은 고객과 대화를 하고 그들의 마음을 얻어야 하는 텔레마케터라는 직업세계에서는 과거 다양한 직업을 통해서 얻었던 크고 작은 경험들이 훌륭한 밑거름이 되기도 한다.

저마다 독특하고 개성 있는 경험을 통해 텔레마케터의 세계로 들어온 사람들의 이야기를 듣다 보면 많은 사람들이 비슷한 방향으로 걸어가고 있는 거대한 인생 여정이 그려지기도 한다. 그들이 텔레마케터로 살아가는 이유를 한 번 들어보자.

뮤지컬 배우 꿈 접었지만
이제는 당당한 내 인생의 '주인공'

이재원 매니저(마포CRM센터)는 뮤지컬 배우 출신이다. 꿈에 그리던 주인공이 되어 무대에 섰을 때만 해도 감격으로 가슴이 뜨거웠다. 뮤지컬을 하다가 중도에 포기하는 동료들을 볼 때마다 '얼마나 의지가 약하면 이렇게 행복한 일을 놓고 떠날까?'하고 생각했다.

하지만 그에게도 곧 고난이 닥쳐왔다. 여느 배우들처럼 궁핍한 생활을 비티기 어려웠나. 여유롭지 않은 집안 형편 속에서 자기 혼자 좋다고 박봉의 배우 생활을 이어가는 건 가족들에게 너무나 미안한 일이었다.

배우의 길을 포기하고 선택한 일은 보험 영업이었다. 보험회사 팀장이라는 사람이 큰돈을 벌 수 있다면서 그에게 다가왔다. 회사에서 고객 데이터베이스가 나오니까 그 전화만 돌려도 충분한 월급을 가져갈 수 있다며 모든 것을 도와줄 테니 걱정하지 말라고 그를 안심시켰다.

막상 회사에 들어와 보니 데이터베이스 같은 것은 있지도 않았고 오로지 지인 영업을 해야 하는 당혹스러운 상황이었다. 게다가 자신을 끌어들였던 팀장은 얼마 후 말도 없이 다른 곳으로 떠나 버렸다. 하루 아침에 낙동강 오리알 신세가 됐다.

그래도 새롭게 시작한 일이므로 적응을 해보려고 노력했다. 하지만 쉽지 않았다. 더 이상 버틸 수 없는 마지막 순간이 왔다. 끼니를 때울 수 있는 돈 한 푼도 없을 정도로 가진 돈이 바닥 나 버렸다. 보험 일에서 손을 떼고 하루하루 일당을 받는 막노동으로 근근이 생활을 이어갔다.

인생이 한탄스러웠다. 평생 이렇게 살아야 하는 것인가 싶어서 일을 하다가도 눈물이 왈칵 쏟아졌다. 택배 상하차 아르바이트를 할 때는 너무 힘이 들어서 머리가 지끈지끈 아팠고 일을 하다 말고 도망치고 싶을 정도였다. 계속 물을 마시며 일하는데도 땀을 워낙 많이 흘리다보니 화장실 한 번 가지 않을 정도로 고된 노동의 연속이었다. 밤새 택배 상하차 일을 하고 친구들과 나들이를 떠났던 날, 너무나 힘들고 졸려서 온종일 잠만 자다가 돌아왔다. 나들이에서 돌아온 이후 더 이상 비참하고 궁핍한 생활에서 허우적거리면서 살아서는 안 되겠다고 결심했다.

언젠가 친구로부터 들었던 텔레마케터 일이 떠올랐다. 예전에 했던 보험 영업처럼 될까봐 두렵기도 했다. 보험은 사람을 직접 만나는 대면 영업이어서 매일 정장을 반듯하게 차려입고 다녀야했기 때문에 치장을 하는 것만으로도 빚이 생겼다. 하지만 텔레마케터는 비대면 영업이라서 적어도 그런 부담은 없을 것 같았다.

이 회사가 없어질 때까지 일하고 싶어

입사 후 한동안은 텔레마케터로 일하고 있다는 이야기를 주변에 하지 못했다. 남자가 얼마나 할 게 없으면 여자들이 하는 일을 한다고 할까봐 창피해서 가까운 친구들에게조차도 숨기고 지냈다. 하지만 지금은 상황이 완전히 바뀌어 텔레마케터인 것이 너무나 자랑스럽게 여겨진다. 친구들 중에서도 그를 따라 텔레마케터에 새롭게 입문한 친구들이 있다.

"우리 이 회사가 없어질 때까지 다니자."

친구들과 함께 서로를 격려하면서 술잔을 기울일 때면 영원히 이 일을 하고 싶을 만큼 텔레마케터라는 직업에 대한 자부심이 넘쳐 난다. 여유가 없어서 남들처럼 데이트를 못해도 불평 한 번 하지 않고 오히려 헤어질 때 밥 챙겨 먹으라면서 뒷주머니에 1만 원짜리 한 장씩 넣어주고 돌아서던 고마운 여자 친구를 이제는 웃게 해줄 수 있게 돼서 더없이 행복하다. 병원 코디네이터를 하던 여자 친구도 얼마 전부터 텔레마케터가 되어 같은 사무실에서 근무하고 있다. 가난했던 연인들은 이제 사고 싶은 것 마음껏 사고,

먹고 싶은 것 마음껏 먹을 수 있게 됐다. 며칠씩이나 끼니를 굶으면서 어두운 방에서 혼자 눈물을 삼키며 누워 있던 시절이 지나고 완전히 새로운 삶이 찾아왔다. 보험회사에 다니면서 졌던 빚도 다 정리됐고, 여자 친구와 나들이를 다닐 수 있는 멋진 외제차도 갖게 됐다. 가족과 친구들에게 베풀 수 있는 사람이 될 수 있어서 행복하다.

예전에는 친구들에게 아쉬운 소리를 하면서 돈을 꾸기만 했었는데 이제는 친구들에게 돈을 빌려줄 수 있는 입장이 됐다. 돈을 빌리고 나면 언제 갚으라고 할지 늘 조마조마했던 마음을 알기에 무리하지 말고 편할 때 갚으라고 다독이기도 한다.

생활이 안정되면서 자신을 보험업계로 끌어들여서 힘들게 했던 사람을 찾아서 왜 그랬는지 그 이유를 물어보고 싶었다. 어느 날 그 사람에게 전화를 걸었다. 그는 그럴 사정이 있었다고 둘러댈 뿐 제대로 된 해명을 하지 못했다. 오랜만에 통화를 했는데 전혀 달라지지 않고 또 예전과 같은 말을 했다.

"우리 회사에 들어오면 성공하게 해줄게."

"한 달에 5백만 원, 8백만 원은 벌 수 있는 곳인가요?"

이 매니저의 대답에 순간 침묵이 흘렀다. 놀라고 당황스러웠던 모양이었다. 그 사람은 질문에 대한 대답 대신

"지금 얼마나 버는데…"하면서 말꼬리가 흐려졌다.

"방금 말했잖아요. 당연히 한 달에 그만큼은 벌죠."

보험 일을 할 때 그 사람으로부터 많은 수모를 당했다. "젊은 사람이 왜 그렇게 없이 사느냐"면서 바라보던 그 치욕스러운 눈빛을 쉽게 잊을 수 없었다. 하지만 이제 그 사람은 꿈도 꾸지 못하는 돈을 자신이 벌고 있다는 것을 당당하게 말할 수 있어서 뿌듯했고 복수를 한 것 같아서 마음이 후련했다. 가슴 속에 맺힌 서러움이 한 번에 다 녹아내리는 듯했다.

"사탕발림 같은 유혹에 빠지지 마세요!"

• • •

보험 영업은 추천하고 싶지 않아요. 택배 일은 중간에 도망 나오고 싶을 정도로 힘들지만 한번쯤 해 볼만 합니다. 정신을 바짝 들게 해주니까요. 그 일을 하고 나면 어떤 일도 힘들지 않게 보여요. 이것도 했는데 다른 일을 못할 것 없어 보이죠. 이 회사에 입사했다가 돈을 더 잘 번다고 보험회사나 카드회사로 빠져나가는 사람들이 있어요. 당연히 말리고 싶죠. 아니나 다를까 퇴사하고 몇 개월 지나서 다시 입사하고 싶다고 연락을 하는 경우가 있어요. 회사 규정상 재입사는 불가능합니다. 이 일은 생각보다 훨씬 체계적이고 시스템화 되어 있어요. 사탕발림 같은 거짓 유혹들에 현혹되지 않았으면 좋겠어요.

두 눈 안 보여도
고객 마음은 잘 들려요

청천벽력 같은 진단

김근호 매니저(마포CRM센터)는 입대를 위한 신체검사에서 난치성 희귀질환인 '망막색소변성증' 진단을 받았다. 평소 야맹증이 있어서 밤에 남들보다 조금 잘 보이지 않거나 시력이 나쁜 줄로만 생각해왔는데 청천벽력 같은 진단을 받은 것이다. 망막색소변성증은 틴틴파이브의 멤버였던 이동우 씨가 앓으면서 많이 알려졌는데, 망막에 분포하는 광수용체의 기능장애로 발생하는 진행성 망막변성 질환이다.

김근호 매니저는 이 병으로 군대를 면제 받았지만 학과 동기들과 함께 졸업하고 싶은 마음에 휴학을 하기로 했다. 그리고 학교를 쉬는 동안 아르바이트로 돈을 모아 해외를 다녀올 생각이었다. 약한 시력 때문에 몸을 많이 움직여야 하는 서빙이나 작은 글자를 봐야 하는 사무 업무는 어려웠다. 어떤 아르바이트를 할 수 있을지 고민하던 중 친구로부터 텔레마케팅 업체를 한 곳 소개 받았다. 당시 최소 시급이 4천 원이던 시절이었는데 7천 원이라는 '거금'을 주는 곳이니 면접이나 한번 보라고 했다. "말솜씨가 좋으니 잘 할 수 있을 것"이라는 격려도 해주었다.

소규모 텔레마케팅 업체로 시즌마다 여러 가지 아이템을 바꿔서 판매하는 회사였다. 내비게이션도 팔고 콘도회원권도 팔았다. 시력이 약해서 컴퓨터 화면을 보는 데는 어려움이 있었지만, 자신도 잘할 수 있는 일이 있다는 깨달음과 함께 자신감을 얻게 됐다. 애초 1년만 휴학할 생각이었는데 학교에서 허락하는 휴학 가능 기간인 2년을 꽉 채우고 학교로 돌아왔다. 돌아올 때는 4학년까지의 학비와 용돈, 그리고 부모님 용돈까지 두둑이 챙겨 나올 수 있었다.

졸업이 가까워지면서 취업준비를 시작했지만 현실의 벽은 너무나 단단하고 높았다. 뛰어난 실력을 가진 선배들이 예전에 자기가 텔레마케팅 아르바이트를 하면서 받았던 급여보다 훨씬 적은 돈을 받으면서 잦은 야근과 격무에 시달리고 있는 것을 보면서 취업에 대해 회의감이 들었다. 아르바이트를 하던 텔레마케팅 회사를 다시 찾아갔다.

"매달 3백만 원만 주시면 여기서 뼈를 묻겠습니다."

김 매니저는 예전에 일했던 회사 대표에게 의욕적으로 제안을 했지만 돌아온 대답은 뜻밖이었다.

"돈은 원하는 대로 얼마든지 줄 수 있지만 당신 같은 인재를 여기다 붙잡아 두는 건 내 욕심인 것 같아. 여기보다 더 큰 곳으로 가서 일 해보게."

대표의 말 한 마디에 큰 감동을 받았다. '매우 훌륭한 텔레마케터'라는 칭찬이 가득한 추천서를 받아 들고 지금 다니고 있는 회사에 입사할 수 있었다.

상담용 시트 모두 달달 외워

처음 입사했을 때 다 큰 어른이 이불에 부끄러운 실례를 할 만큼 스트레스와 마음고생이 심했다. 회사는 학교와 다르다. 장애가 있다고 해서 봐주는 것이 없다. 누구나 똑같이 실적으로 경쟁을 해야 한다. 아르바이트로 일할 때는 돌아갈 학교가 있었지만 여기서 실패하면 아무 데도 돌아갈 곳이 없었다.

정신이 바짝 들었다. 시력이 약했지만 아직 시력이 완전히 떨어진 것은 아니어서 바로 앞에 있는 거리의 컴퓨터 화면 정도는 볼 수 있었다. 잘 보이지 않을 때는 주변 동료들이나 실장의 도움을 받았다. 상담 때마다 열어 둬야 할 시트가 6-7개 정도인데 모조리 외웠다. 길이가 긴 시트는 두 개로 나눠서 암기했다.

영업 정책이 바뀔 때면 실장이 수십 페이지 달하는 지침서를 일일이 구두로 설명해주며 외울 수 있도록 해주었다. 장애에 대해서 차별하지 않고 많이 도와주고 배려해주는 회사가 고마웠다. 그에 대한 보답으로 회사에서 전화를 가장 많이 하는 사람이 될 수 있도록 노력했고, 그럴 때마다 쌓이는 서류작업은 동료와 실장이 분담해서 처리해주었다.

시력이 약해지면서 예민하게 발달하게 된 청력이 남다른 경쟁력의 요인이 됐다. 아웃바운드 텔레마케팅은 상대방이 무슨 일을 하는지 모르는 상황에서 전화를 걸기 때문에 고객 입장에서는 길을 걷거나, 업무를 보는 중에 전화를 받을 수 있다. 전화를 받는 순간 고객이 어떤 상황인지 빨리 파악할 수 있으면 영업에 훨씬 유리하다.

김 매니저는 한층 예민해진 청각 덕분에 남다른 강점을 갖게 됐다. 전화가 연결되면 고객이 지금 어떤 일을 하고 있고 무슨 일을 하는 사람인지, 지금 기분이 어떤지를 예민하게 느낄 수 있어서 고객 니즈를 재빨리 파악하고 상황에 맞게 상담을 할 수 있었다.

세상에서 가장 멋진 직업

심 매니저에겐 두 사람의 영업 스승이 있다. 한 사람은 이전 직장의 대표이고 다른 한 사람은 어머니다. 두 사람이 항상 공통적으로 하는 조언이 있다.

"사람들이 전화 상담하는 일을 우습게 알고 부끄럽게 생각하는 줄 알고 있다. 하지만 돈에 색깔이 있는 것이 아니다. 대기업 다니는 네 친구보다 네가 돈도 더 많이 버니 자부심을 가져라.”

그런 응원 덕분인지 언젠가부터 주변에서 이런 소리가 들려왔다.

“눈이 잘 안 보이는 사람이지만 일을 정말 잘하지 않아?”

“눈이 안 보이기 때문에 귀가 잘 들리고 눈치가 빨라서 다른 사람들보다 일을 더 잘한대.”

자신의 장애가 오히려 장점으로 바뀌는 상황을 지켜보면서, 그는 자신의 장애를 극복하고 보통 사람들보다 더 훌륭하게 사회생활에 적응할 수 있게 해준 텔레마케터라는 직업에 깊은 고마움을 느꼈다. 그동안 세상에서 본 어떤 대단한 일보다도 멋진 직업이라는 생각이 들었다. 텔레마케터로 일하면서 받은 게 참 많다. 자신의 학자금이 포함된 집안의 융자금이 5천만 원 정도 됐는데, 2년 일하면서 부모가 안고 있던 빚을 모두 해결할 수 있었다.

시력이 약하다보니 출퇴근이 쉽지 않아 회사 근처에 작은 자취방을 얻어서 지냈는데 어느 날 어머니가 아들이 사는 모습을 보기 위해서 자취방에 왔다가 크게 화를 냈다. 추운 날씨에 이렇게 좁고 허름한 집에서 사는 것을 보고 속이 많이 상한 것이었다. 어머니는 그 길로 아들을 근처 부동산으로 데리고 가서 오피스텔을 바로 계약했다. 아들이 얼마나 고생하며 번 돈인데 그걸 빚 갚는 데 쓸 수 없었다면서 그동안 그가 준 돈을 모두 모아두었다고 했다. 어머니의 깊은 사랑이 가슴으로 전해져 눈물이 왈칵 쏟아질 것 같았다.

지금 20대의 어린 나이이지만 과분하게도 한강이 보이는 오피스텔에서 살게 됐다. 자신의 힘, 그리고 어머니의 사랑으로 마련한 집에 회사 동료들과 집이 먼 친구들이 하룻밤 자고 갈 때 따뜻하게 자라고 보일러 켜주고 아침에 같이 씻고 회사에 출근하면서 지내는 것이 그에겐 이제 커다란 삶의 낙이 됐다.

물질적인 소망은 제 나이에 그만하면 충분히 이룬 것 같고요, 정신적인 소망도 많이 이룬 것 같아요. 시력이 많이 약해서 남들만큼 사회에 잘 적응할 수 있을까, 조직 구성원으로서 창피하지 않게 일할 수 있을까 늘 걱정이었는데, 감사하게도 제일 일을 잘 한다는 이야길 듣고 지내게 됐네요. 회사에서 따뜻하게 배려 받고 응원 받은 만큼 돌려 드리고 싶어요. 앞으로는 '김근호' 하면 일 잘하는 사람이란 말 말고 사람들에게 선한 영향을 주는 사람이라는 말을 듣고 싶어요. 김근호랑 인사 한번 나누고, 술자리에서 한번 만났는데 제 이야기가 씨앗이 되어서 다음 날 실적이 오르고 다음 달 등급이 올랐다는 이야기를 들었으면 좋겠어요. 주변 사람들과 함께 가는 텔레마케터가 되고 싶어요.

노점상에서 술집까지,
청춘과 함께 한 파란만장한 실패

20대에 2억 원을 빚지다

김준형 매니저(마포CRM센터)는 또래들 보다 인생의 진폭을 크게 겪으며 20대를 보냈다. 고교 졸업 후 돈도 없고 기술도 없는 상황에서 들어갈 만한 회사가 없을 듯 했다. 처음 해본 일은 노점의 모자장사였다. 길에서 하는 특정 고객층을 대상으로 하기보다 눈에 띄는 사람 아무에게나 모자를 파는 식이었다.

지나가는 행인 중 한 사람을 잡아서 모자를 씌워보고 잘 어울리면 그냥 가져가라고 했다. 그러면 나중에 다시 손님으로 올 거라고 생각했다. 하지만 그런 일은 거의 일어나지 않았다. 영업방식이 완전히 잘못된 걸 깨달았다. 그래도 새로운 사람에게 말을 걸어보고 사람들 반응을 살펴보는 것은 재미있었다.

　판매 기술을 배웠다고 할 수는 없었지만 사람들 만나는 일이 흥미 있는 일이라는 깨달음을 얻었다. 제대로 된 장사가 아니어서 두세 달 만에 끝났다. 장사를 계속 하려면 전기도 빌려야 하고, 자릿세도 내야 하는데 다음 달치 모자를 떼러 갈 돈이 없어서 그대로 접었다.

　다음으로 뛰어든 일은 노래방 웨이터였다. 벌이는 좋았다. 하루 17시간 일해야 했고, 한 달에 29일 일하고 하루 쉴 수 있을 만큼 일이 많았지만 하루벌이가 70만 원이나 돼서 무척이나 행복하게 일했다. 까다로운 손님이 많았고 술 마시고 객기 부리는 손님도 더러 있었지만, 사람들을 챙기고 같이 대화를 나누는 일이 즐거웠다.

　20대 초반의 나이지만 경제적으로 풍족해지니까 어른이 됐다는 생각이 들었다. 그러던 어느 날 잠에서 깨어나야 하는 시간에 도저히 눈조차도 떠지지 않을 정도로 부쩍 나빠진 몸 상태 때문에 더 이상 일을 할 수 없었다.

　아무래도 장사에 소질이 있는 듯해서 그동안 모은 돈에 은행 대출까지 받아서 홍대 번화가에서 건물 세 개 층을 임대해 술집을 열었다. 장사 초반에는 나름대로 재미가 있었지만 나중에는 이것저것 챙길 일들이 너무 많아서 몸도 마음도 고생이 이만저만이 아니었다. 매출도 시원찮아서 결국 얼마 지나지 않아서 2억 원이라는 엄청난 빚을 남기고, 가게 문을 닫게 됐다.

그 즈음 지인이 텔레마케터를 해보라고 권했다. 사람들 상대로 하는 일을 많이 해왔고 그런 일에 적성이 맞고 소질도 있으니 꼭 해보라고 했다. 일을 시작하자 주변에서 응원이 이어졌다. 어렸을 때부터 대화를 이끌고 주도하는 편이었는데, 일을 해보니 자기에게 맞는 일을 잘 찾은 것 같았다.

처음 입사했을 때는 2억 원이란 빚이 있던 상태라 불면증이 심했다. 어차피 잠도 오지 않을 테니 그 시간에 책이나 읽자는 생각이 들었다. 그렇게 해서 마케팅 관련 책을 계속 읽어나갔다.

고객과의 대화기법에 대해 연구하고, 고객으로부터 어떻게 하면 예스라는 대답을 들을 수 있을지 연구했다. 공부를 하면 할수록 자신이 부족해 보였다. 각양각색의 사람과 대화를 나누어야 하다 보니 아는 게 많아야 할 듯했다.

독서뿐만 아니라 시간만 맞으면 강의나 세미나 같은 걸 들으러 다니기도 했다. 주식투자, 디자인, 마케팅 등 분야를 가리지 않고 다양한 분야의 강좌에 수시로 참여했다. 그곳에서 영업 관련 지식을 얻는 것도 많지만, 강좌에 나온 사람들을 만나면 그들이 얼마나 자기 일에 자부심이 넘치고, 뛰어난 지식으로 무장한 전문가들인가를 느낄 수 있어서 배울 점이 많았다.

지난 삶을 되돌아보면 예전에는 '양아치'나 다름없었는데 지금은 사람이 됐구나 싶다. 텔레마케터가 되고 나서는 예전에 어울리던 친구들과 1년 동안 연락하지 않고 지냈고, 혼자서도 술을 입에 대지 않았다. 일에 방해될 것 같은 것은 모두 포기하며 지냈다. 아무도 나오지 않는 주말에도 회사에 나와서 일에만 매달렸다.

덕분에 예전에는 상상하지 못할 성실한 생활인으로 거듭났다. 아침 6시에 아내보다 먼저 일어나 아침밥을 차려놓고 회사로 나오면 8시에 도착한다. 다른 사람들보다 1시간 반 일찍 나와서 그날 하루 어떤 고객에게 어떻게 전화를 할지 생각하고 가입한 고객들 사후관리를 해놓는다. 성실하고 꾸준한 노력 덕분에 회사에 입사하기 전, 20대 청년이 안고 있기엔 살인적인 액수인 2억 원이란 빚을 3년 만에 갚을 수 있었다.

"공부하는 텔레마케터가 되고 싶어요"

• • •

텔레마케터는 똑똑해야 하고 자신감도 있어야 합니다. 그러려면 제대로 알아야 하기 때문에 평소 독서도 많이 하고, 세상이 어떻게 바뀌어 가고 있는지 그 흐름도 예민하게 포착할 수 있는 혜안도 가져야 하죠. 그래서 늘 공부하는 텔레마케터가 되려고 합니다. 나중에 기회가 된다면 전문 강사를 해보고 싶어요. 회사에서 특강을 많이 해봤는데, 그게 희열을 주는 일이더라고요. 특강 한 시간을 하면 평소 일할 때 보다 서너 배 정도 더 에너지를 쏟아 붓는 것 같아요. 그래도 사람들이 제 이야길 듣고 '아, 저렇게 상담을 하면 되는 구나'하고 깨닫고 서로 도움을 주고받는 시간을 만들 수 있다는 게 정말 의미 있고 보람 있는 일인 듯해요. 제가 이런 미래까지 꿈꾸고 있는 걸 보면 텔레마케터라는 직업이 제게 참 많은 의미 있는 것들을 주고 있다는 생각이 들어요.

인바운드는 평정
이제는 아웃바운드 새 도전

남 다른 상담 스타일

변성준 매니저(마포CRM센터)는 예전에 홈쇼핑 회사의 인바운드 상담원으로 일했다. 보통 텔레마케터라고 하면 다 똑같은 일을 한다고 생각하지만 인바운드와 아웃바운드 상담원은 일 자체가 전혀 다른 직업이라고 할 만큼 업무 성격이 다르다.

인바운드는 고객문의에 답변을 해주는 일이기 때문에 업무지식을 제대로 아는 것이 중요한 반면 아웃바운드는 똑같이 상담을 하긴 하지만 영업이 주목적이기 때문에 업무지식 뿐만 아니라 화술과 순간적인 임기응변에도 능해야 한다. 고객 상담은 말 그대로 고객문의를 해결해주는 것이고, 텔레마케팅은 전화로 마케팅을 하여 회사에 이윤을 창출하는 것이므로 정확히 말하면 아웃바운드 텔레마케터에게만 진정한 '마케터'라는 수식어를 붙일 수 있을 듯하다.

변 매니저는 인바운드에서 고객 상담을 할 때부터 상담 스타일이 일반적인 고객 상담과는 완전히 달랐다. 고객의 문의사항에 대해서 정확하게 답변을 해주기만 해도 충분한데 말하는 것을 워낙 좋아해서 그런지 고객이 요청한 답변 이상을 하는 일이 많았다.

다른 사람들보다 콜을 더 많이 받는다고 특별히 실적에 올라가는 것도 아닌데도 콜 받는 것으로 사내에서 1등을 놓치지 않을 정도로 일에 욕심이 많았다. 콜을 많이 받는 일이 힘에 부치긴 했지만 고객이 만족하면 그걸로 됐다 생각했다.

"콜 수나 일에 대한 욕심이 많고 화술도 뛰어난데 왜 인바운드에서 일하고 있어요? 아웃바운드에 가서 일하면 잘 어울릴 텐데."

어느 날 같이 일하는 동료의 말을 듣는 순간 갑자기 그동안 해왔던 일에 대해서 회의감이 밀려왔다. 인바운드 상담이 딱히 싫었던 것은 아니었지만 새로운 일에 도전해보고 싶었다. 인바운드 상담원으로 일하면서 고객 성향이나 니즈를 파악하는 일에 어느 정도 경험을 쌓았고, 게다가 아웃바운드 상담원의 급여가 훨씬 높다고 한 점도 마음이 끌렸다.

변형된 성대와 탈색된 편도

변 매니저의 아버지와 어머니도 모두 영업 분야에서 일해오신 분들이다. 특별히 영업 노하우를 전수받은 것은 없지만 영업 실적이 뛰어난 부모 옆에서 알게 모르게 전수받은 영업 감각이 있는지 모르겠다. 아웃바운드 영업을 시작하면서 그의 재능은 빛을 발했다.

회사에 입사한 지 얼마 되지 않아서 괴물 신입이 들어왔다는 이야기가 돌 정도였다. 실장이 이번 달에 얼마나 할 것인지 물었을 때 그는 가장 뛰어난 직원이 해내기도 벅찬 숫자를 말했고, 실제로 그것을 월말에 달성했다. 갓 들어온 신입사원이 곧장 최고 등급으로 올라서다 보니 주변에서 시기하고 미워하는 말들도 많이 나왔다. 신입이 어쩌다 운이 좋아서 그러려니 했지만, 다음 달에도 그 다음 달에도 연이어 뛰어난 실적을 보여주자 주변에서도 인정하는 분위기가 될 수밖에 없었다. 영업 노하우를 가르쳐 달라고 요청하는 사람도 생겼다.

그는 아웃바운드 텔레마케터는 자신이 개인 사업자이자 사장이라는 생각으로 일해야 한다고 생각한다. 본인이 일한 만큼 벌어가는 직업이니까 자기가 앉은 자리가 하나의 영업점이라는 마인드로 일해야 하는 것이다.

처음 아웃바운드 영업에 뛰어들면서 담아두었던 '버킷리스트'의 소망들도 대부분 이루었다. 그런 꿈들이 그냥 이루어진 것은 아니다. 그의 성대는 일반인의 성대와는 완전히 다르게 변형됐고 편도는 의사가 보고 깜짝 놀랄 정도로 하얗게 탈색된 상태다. 변형된 성대와 탈색된 편도는 그가 이 분야에 들어와서 얼마나 엄청난 노력을 해왔는지 상징적으로 보여주고 있다.

"연봉 1억 원에 벤츠, 텔레마케터는 내 천직"

· · ·

아웃바운드 텔레마케터에 도전할 때 첫 목표가 연봉 1억 원이었는데 일을 시작하고 1년 만에 목표를 이루었습니다. 두 번째 목표는 남자의 로망, 벤츠를 구입하는 것이었는데 그것도 몇 년 전에 이뤘죠. 세 번째 목표는 집을 갖는 것입니다. 아직 집을 사지는 않았지만 집을 살만큼 돈은 모아두었습니다.

이제는 가족들을 위해서 뭔가 해주고 싶어요. 부모님께 매달 정기적으로 용돈 드리고 있고, 형과 어머니 자동차도 뽑아 드렸죠. 나중에 셀프 세차장 하나 차려서 부모님 연세 드셔서 다른 일 하기 힘드시면 세차장 관리하시며 노후 걱정 없이 살게 해드리고 싶어요. 제 마음 속에 품었던 꿈들이 하나씩 제 눈앞에서 현실화되고 있으니, 고객과 통화하는 게 날마다 설레네요. 정말 아웃바운드 텔레마케터는 제 천직인 것 같습니다. 적성에 딱 맞는 일을 하고 살 수 있다니, 고마운 일이죠.

잘 나가던 중국 사업,
미련 없이 정리하다

중국에서 화장품 장사로 '승승장구'

이재형 매니저(마포CRM센터)는 집안 사정 때문에 대학 2학년 때 학교를 중퇴했다. 당시 동생도 대학에 다니던 상황이어서 둘 다 대학을 다니는 건 불가능했다. 동생이라도 대학을 나오게 해야겠다는 생각에 대학을 자퇴하고 그길로 취업 전선에 뛰어들었다.

졸업장이나 자격증, 특별한 기술도 없는 상황에서 가족들 생계와 동생 학업 뒷바라지를 하려다보니 눈앞이 캄캄했다. 돈을 많이 벌 수 있는 일이라면 어디라도 가고 싶었다. 그러던 어느 날 우연한 기회에 중국에 갈 기회가 생겼다. 그는 중국에 들어가 현지에 있는 친구와 동업으로 삼겹살 식당을 냈다. 땅덩어리가 넓은 나라에 가면 큰돈을 벌 수 있을 것이라는 막연한 생각이었다.

하지만 몰라도 너무나 모르고 덤벼들었다. 음식점 운영을 위한 사전조사도 없었고, 중국에서 장사를 하려면 어떤 것을 알아야 하는지도 전혀 모르는 상황이었다. 2년 계약을 채우지 못하면 가게 보증금 1천만 원을 떼인다는 것도 모르는 채 식당을 개업했다. 매달 가게 임대료로 2백만 원, 집 임대료로 60만 원이 나가는 상황이었는데 장사가 잘되지 않자 더 이상 버티기 어려웠다. 장사를 시작한지 1년 쯤 지난 시점이었다. 보증금 1천만 원은 물론 중국에 들어갈 때 가져간 투자금도 모두 날리게 됐다.

아무 것도 손에 쥐지 못하고 그냥 한국으로 돌아올 수는 없었다. 다시 빚을 내서 새로운 사업을 시작했다. 이번에는 중국의 '타오바오'라는 온라인 쇼핑몰에서 한국 화장품을 판매했다. 다행히 화장품 판매는 승승장구했다. 나중에는 하루 매출이 5백~6백만 원 정도에 달했고 한국으로 주문하는 물건 값만 해도 한 달에 5천만 원에서 1억 원에 이를 정도였다.

돈은 벌었지만 몸이 힘들었다. 중국 소비자들은 우리나라 소비자들과 달리 채팅 상담을 통해서 물건을 구매하는 경우가 많았는데 하루 종일 상담 채팅에 매달려 가격 흥정을 하다보면 신경이 곤두섰다. 또 상담이 끝나면 택배를 위한 포장까지 직접 해야 했다.

직원이 있긴 했지만 우리나라와는 시스템이 달라서 대표가 하나부터 열까지 다 신경 써야 했다. 몸이 열 개라도 모자랄 지경이었다. 하루에 서너 시간도 제대로 잘 수 없을 만큼 몸을 혹사했다. 과중한 노동에 지쳐가던 어느 날 사업을 접도록 하는 사건이 하나 발생했다.

같은 일을 하던 조선족 사람 한 명이 물건 통관에 문제가 생겨서 모든 걸 다 날리게 되는 상황을 보게 된 것이다. 중국에서 사업을 한다는 것에 대해서 불안감이 커지면서 언젠가 자신에게도 그런 일이 생길지 모른다는 섬뜩한 생각이 들었다. 그는 온라인 쇼핑몰 사업을 동업자에게 다 넘겨주고 한국으로 돌아가기로 했다. 다행히 중국에서 대출받았던 돈을 모두 갚았고 초기 투자금도 다시 만회해서 돌아올 수 있었다.

당시 한류 열풍이 대단해서 중국에서의 한국 화장품의 인기는 폭발적이었다. 사업이 잘되고 있을 때 그만 두다보니 미련이나 후회가 남을까봐 한국에 도착하자마자 그곳과 닿을 연락방법을 모두 차단했다. 동업자의 전화번호, 사이트에 관련된 것, 사업에 관련된 전화번호들 모두 지웠다.

주말마다, 출근 우수 실적자 콜 '듣고 또 듣고'

막상 한국으로 돌아오니 더 이상 20대 청춘은 아니었다. 현실을 직시해보니 31살의 백수, 그 이상도 그 이하도 아니었다. 대학을 중퇴했을 때와 같은 암담함과 막막함이 그를 휘어잡았다. 몇 개월 동안 방황하며 허송세월을 보내다 우연히 친구의 여자 친구가 하는 일에 대해서 듣게 됐다.

텔레마케팅으로 인터넷과 인터넷 TV를 판매하는 일인데, 생각하는 이상으로 돈을 잘 벌고 있는 것 같아서 관심을 갖게 됐다.

"말만 해도 한 달에 4백만 원 이상은 버는 것 같은데, 지금처럼 노는 것보다야 낫지 않겠어? 너도 한 번 해봐."

농담 반, 진담 반의 권유로 텔레마케터 일을 시작했다. 예민하고 내성적인 성격 탓에 처음에는 텔레마케터 일이 자신과 너무나 맞지 않아서 고전했다. 다행히 실장의 도움과 응원으로 자신의 상담 방법을 개선하기 위해 끊임없이 고민하고 연구했다. 신입사원에서 기존사원으로 옮겨서도 3~4개월 동안도 계속 가장 낮은 실적을 받았다. 회사를 떠나주는 게 회사를 위해서도 좋을 것 같았다. 하지만 실장의 지속적인 응원과 격려에 다시 한 번 힘을 내 보기로 했다.

2년 동안 주말에 한 번도 빠지지 않고 따로 출근해 실적 상위자들의 콜을 들으며 그것을 자기 상담으로 만들려고 노력했다. 그냥 듣기만 한 것이 아니라 완전히 자기 목소리화 할 수 있도록 듣고 또 들었다. 일단 실적 상위자 중에서 열 명을 추려서 계속 들었는데 듣다보니 자신과 성향이 비슷한 사람이 누군지 알게 됐다. 그 중에서도 자기와 맞는 사람을 추려내 그 사람의 콜만 계속 들었다.

그 상담원이 하는 인사말부터 마무리 안내말까지 다 듣고 반론은 어떻게 하는지 듣고 또 들었다. 한두 번 들어서는 머릿속에서만 맴돌 뿐 상담 때 입으로는 나오지 않았다. 주말에 혼자 나와서 한번 듣기 시작하면 6~7시간을 내리 상담원의 콜만 들었다.

효과는 서서히 나타났다. 마치 자신이 실적 상위자인 그 상담원이 된 것 같은 기분이 들었다. 실적 상위자들이 으레 갖고 있는 충만한 자신감과 센스 있는 안내말이 저절로 입에서 나왔다.

곰곰이 생각해보니 자기 적성에 딱 맞는 직업을 가진 사람, 그런 행운을 누리는 사람은 극소수에 불과할 것 같았다. 그렇게 노력한 결과, 입사 6개월 차에 최상위 등급을 받을 수 있었다. 눈이 돌아갈 만큼 큰 액수가 급여 명세서에 찍혀 있었다. 원래 받던 월급에서 두세 배를 더 받게 되면서 돈에 대한 생각이 완전히 달라졌다. 그때의 짜릿함을 알기 때문에 이제는 텔레마케터 일을 놓을 수는 없을 것 같다.

. . .

예전에는 저 같이 아무 것도 없는 사람과 누가 결혼을 할까 하는 암담
한 생각도 들었는데 이제는 회사 다니면서 연애도 하고 결혼도 하고 살
집도 마련해서 생활인으로서 자리를 잡았습니다. 친구들과 비교하면 늦
은 편이지만 이제는 어느 정도 먼저 간 친구들을 따라 잡은 듯합니다.
중국에서 날린 4년의 시간을 한국에 돌아와 텔레마케터로 열심히 일한
덕분입니다. 이제 30대 중반인데, 친구들과의 경제적인 차이를 무시할
수 없는 나이가 된 것 같습니다. 제가 크게 무너지지 않는 이상 친구들
보다 벌이는 가장 나을 거라고 생각합니다. 중국 생활을 청산하고 한국
에 돌아왔을 때의 막막함은 이제 제 앞에 없습니다.

실패한 약초장수에서
당당한 가장으로

사업 실패로 신용불량자 신세

이규환 매니저(마포CRM센터)는 우수한 성적으로 4년 장학생으로 선발돼 대학생활을 하던 중 집안에 일이 생겨서 1학년 때 자퇴를 했다. 대학 중퇴 학력으로는 대기업은 물론 중소기업도 들어가기 어려울 게 뻔했다. 그래서 백화점, 식당 같은 서비스 직종으로 사회생활을 시작했다. 되지도 않는 일로 청춘을 낭비하고 있는 것 같아 한탄만 늘어나던 시간이었다.

그러던 어느 날 아는 형이 약초장사를 해보라고 권유했다. 자기 장사를 할 수 있다는 기대감에 그동안 아르바이트로 모아둔 돈을 보태고 대출을 받아서 약초장사를 시작했다. 장사를 하려면 약초를 다양하게 구비해야 하고 가게 매대 같은 것도 갖추고 물건을 실어 나를 차도 있어야 했다. 모아

둔 돈만으로는 턱없이 부족해서 꽤 많은 돈을 빌렸다.

막상 시작해보니 쉽지 않았다. 약초장사는 어느 정도 연륜과 경험이 있어야 손님들이 신뢰감을 갖는데, 대학도 제대로 마치지 못한 어린 나이에 약초에 대한 지식도 없이 장사를 시작했으니 장사가 잘 될 리 없었다. 게다가 워낙 소심한 성격이라 누군가와 얼굴을 마주하고 물건을 판매하는 게 쉽지 않았다. 그때 어린 나이로 꽤나 큰 빚을 지고 6개월 만에 장사를 접었고 신용불량자가 됐다.

자본도 들지 않고 특별한 학력이나 자격증을 요구하지 않는다는 이유로 텔레마케팅에 입문했다. 지역케이블의 인터넷과 인터넷TV를 판매하는 일이었다. 전화로 사람을 대하는 면에서 확실히 약초 장사보다는 쉽고 편했다. 신기하게도 대면으로 할 때는 떨리고 막막했는데 전화 통화를 하니까 자신감이 생기고 고객들이 더 친근하게 느껴졌다.

자신처럼 내성적인 사람은 대면영업보다는 텔레마케팅이 더 어울린다는 것을 그때 깨달았다. 그런데 지역케이블이다 보니 고객 데이터베이스에 한계가 있었다. 한정된 고객들에게 너무 자주 같은 전화를 걸다 보니 짜증을 내는 고객이 많아 텔레마케터들도 힘들었다.

좀 더 큰 곳으로 옮겨야겠다 싶던 차에 지인의 소개로 동종업계지만 대기업에서 운영하는 L사의 텔레마케터로 자리를 옮겼고 이후 역시 지인의 소개로 현재의 회사로 오게 됐다.

아버지의 사고와 최우수상의 영예

회사를 옮겨서 열심히 일하던 어느 날 건설현장에서 일하시던 아버지가 4층에서 추락하는 사고를 당했다. 온몸의 뼈가 골절되고 폐에 피가 찰 정도로 상황이 급박하게 돌아갔다. 엎친 데 덮친 격으로 당시 이사를 한 달 앞두고 있었는데 가족들이 교대로 아버지를 돌보다 보니 이사할 집도 구하지 못했다.

장남으로서 일보다는 아버지 곁을 지키며 집안일을 돌봐야겠다는 생각에 회사도 나가지 않은 채 아버지가 수술 후 깨어나길 기다렸다. 다행히 며칠 후 아버지가 의식을 회복했다. 아버지는 깨어나자마자 이 매니저를 보더니 버럭 소리를 지르셨다.

"네가 이 시간에 왜 여기에 있는 게냐. 아빠는 별 일 아니니까 신경 끄고 가서 일이나 하거라."

정신이 번쩍 들었다. 아버지가 깨어나서 정말 기뻤지만 한편으로 찬물을 뒤집어 쓴 기분이었다. 아버지가 병원에 입원한 상황에서 장남인 자신이 회사를 그만 둘 생각을 하다니 정말 어리석었다는 생각이 들었다. 아버지의 빈자리를 메워서 가족 생계까지 책임을 져야 하는데 그걸 몰랐다니 너무 부끄러웠다. 아버지의 사고 이후 일이 손에 잡히지 않아 일을 그만 두려고까지 생각했는데 아버지의 호통 덕분에 마음을 다잡고 회사로 나갔다.

이전까지 회사에서 실적이 좋은 사원이긴 했지만, 전체 실적 4등 안에 들어야 받을 수 있는 최우수상을 받을 수 있을 거라는 생각은 한 번도 해보지 않았다. 하지만 가족의 소중함을 깨닫게 되면서 철이 바짝 들었는지, 자신도 할 수 있다는 강한 믿음을 갖고 날마다 최우수상을 받는 꿈을 꾸기 시작했다.

최우수상을 받는 장면, 센터장, 본부장을 비롯한 회사 간부들과 축하 식사를 가지는 장면 등을 생생하고 구체적으로 꾸길 매일매일 반복했다. 그 덕분이었을까? 실제로 최우수상을 두 달 연속으로 받게 되었다. 그 사이 아버지 건강도 많이 호전됐다. 병실에 누워서도 할 수 있는 운동을 열심히 하셔서 걸을 수 있을 만큼 건강을 회복해서 등산도 다닐 수 있게 됐다.

약초장사 하느라 졌던 빚도 모두 청산해서 신용불량자에서 풀려났다. 자신의 생일날 정말 갖고 싶었던 벤츠 자동차를 그동안 많이 수고하며 애썼던 자신에게 선물할 수 있었다.

"나이 들어도 평생직장처럼 할 수 있는 일"

• • •

많은 분들이 텔레마케터를 해서 벌면 얼마나 벌겠냐고 의아해하는데 저처럼 부모님을 대신해서 가장 역할을 할 수 있을 만큼 여유 있게 법니다. 예전보다 생활을 윤택하게 꾸릴 수 있게 돼 정말 만족합니다. 대기업 다니는 친구들 이야기를 들어보면 35세 정도 되면 한번 명예퇴직 권유가 들어온다고 하죠. 그 이후에는 특출하게 능력이 뛰어나는 사람과 그렇지 않은 사람이 딱 구분된다고.

더 이상 직급이 올라가지 못한 사람들은 퇴직금 받고 퇴직하게 된다고 하더라고요. 요즘 평생직장이 없어졌다고 하는데, 저 같은 경우는 지금처럼 열심히 하면 나이 들어서도 할 수 있을 것 같아요. 텔레마케터로 일하면서 얻어가는 게 너무 많아서인지 다른 일을 해보겠다거나 다른 미래를 생각해본 적이 없네요.

이제 일반 사무직 일은
절대 못할 것 같아요

대리점의 감정노동 강도 훨씬 강해

유소연 매니저(장안TWD센터)는 중소기업의 사무원으로 사회생활을 시작했지만 일에 대한 재미나 보람을 느낄 수 없었다. 그러던 중 통신서비스 회사에서 일하는 오빠의 권유로 이직을 하게 됐다. 오빠는 판매실적이 부진한 대리점에 파견돼 판매를 활성화시켜 주는 판매전문 상담원이었는데 일반 사무직보다 훨씬 재미있는 일이라면서 통신회사 대리점 일을 권했다. 전산업무를 볼 줄 아니까 대리점에 들어가서 전산업무를 보다가 서서히 판매에 도전해 보라는 것이었다.

내성적인 성격의 유 매니저는 대리점에서 직접 고객을 만나서 영업을 하는 일에 대해서 스트레스를 많이 받았고 힘들어했다. 그러던 중 우연한 기회에 텔레마케터로 일을 하게 됐다. 대리점에서는 직접 고객을 보면서 판매를 했지만 텔레마케터는 전화상으로 영업을 하면 되기 때문에 조금 더 나은 것 같았다.

텔레마케터가 감정노동이 가장 심한 직업이라는 조사도 있지만 막상 대리점에서 일해 보니 텔레마케터로 일하고 있는 지금보다 감정노동의 강도가 오히려 훨씬 더 강한 것 같았다.

특히 고객과 직접 얼굴을 마주하는 일이다 보니 고객이 면전에다 대고 쏟아놓는 비난과 욕설을 고스란히 감내해야 하는 경우가 있었다. 입으로 욕설을 퍼붓는데도 신체적인 위협으로 느껴질 만큼 두려운 상황도 있었다. 일하면서 울기도 많이 울었다.

텔레마케터는 비대면 전화 상담이라서 고객과 물리적인 거리가 있기 때문에 그때와 같은 불안이나 두려움을 느낄 일은 없다. 그래서 지금이 오히려 심리적으로 훨씬 편하고, 회사로부터도 적극적으로 보호를 받기 때문에 훨씬 안정적인 기분에서 일을 할 수 있다.

또 텔레마케팅은 모든 상담 과정이 녹음되기 때문에 고객과 분쟁이 생기면 녹취된 내용을 바탕으로 시시비비를 명확하게 가릴 수 있다는 것도 장점이다. 대리점에서는 상담과정이 상담원과 고객의 임의적인 대화로 진행되는 경우가 대부분이기 때문에 문제가 생기면 누구의 귀책 사유인지 밝히기가 어려워 사소한 문제가 큰 갈등 상황으로 번지기도 했다.

악성고객의 막무가내식 억지

악성고객의 억지와 비난 때문에 억울한 상황을 겪은 적도 있었다. 그녀가 휴무로 하루 쉬는 날, 전날 그녀에게서 휴대전화를 구입했다고 하는 고객이 대리점에 찾아와 6시간 동안 꼼짝하지 않고 앉아서 항의를 했다. 휴대전화 단말기 값과 요금에 다 사인을 해놓고 그런 이야기를 들은 적이 없다면서 공짜 폰인 줄 알고 계약을 했다고 억지를 부린 것이었다.

너무나 오랫동안 영업장에서 소란을 부리자 지점장은 유 매니저에게 누구의 잘, 잘못을 떠나 일단 돈을 물어주라고 종용했다. 기가 막히고 억울한 상황이었지만 어쩔 수 없었다. 유 매니저는 고객이 요구하는 금액의 반을 내주는 것으로 상황을 일단락 지었다.

만약 텔레마케팅처럼 고객과의 상담 내용이 녹취되고 실장이나 파트장이나 고객 보호원이 중재를 해주는 시스템이 있었다면 그런 억울한 상황은 겪지 않았을 것이다. 체계적인 시스템이 갖춰진 곳에서 일할 수 있어서 정말 다행이고, 그때와 같이 물리적인 위협을 느끼지 않는 상황에서 마음 편히 일할 수 있어서 무엇보다 좋다.

대리점에서 일할 때는 아침 9시 반부터 저녁 9시 반까지, 하루에 12시간을 근무해야 하고 주말에도 종종 근무를 해야 했지만 지금은 9시 반부터 저녁 6시까지 일하므로 근무시간도 짧고 주말에도 쉴 수 있어서 행복하다. 급여 면에서도 무척 만족스럽다.

대리점에서 일할 때는 또래의 여느 여직원처럼 평균 1백50만~2백만 원 정도를 받았는데 지금은 그보다 몇 배나 많은 수입을 올리고 있다. 대리점에 있을 때는 휴대전화를 하나 직접 팔아도 거기서 떨어진 이윤의 일부분을 점장이 떼어가고, 또 일부는 본사에서 떼어가서 실제 판매원에게 돌아오는 금액은 그리 많지 않았다. 여기서는 자기 사업하듯이 열심히만 하면 얼마든지 많은 돈을 벌어 갈 수 있는 구조라 일에 대한 의욕도 높고 일에 대한 뿌듯한 보람을 느끼고 있다.

"영업이 이렇게 재미있는지 이제 알았어요"

• • •

대리점에서 근무했던 사람 중에는 텔레마케팅에 적응하지 못하는 사람도 많아요. 얼굴을 마주보고 상담을 할 때는 말 이외에 표정이나 몸짓 같은 신체 변화를 통해 고객의 메시지를 읽을 수 있었는데 텔레마케팅은 그런 부분이 없기 때문에 답답해하죠. 그런데 저는 내성적인 성향이 강해서 이렇게 전화로 직접 얼굴을 보지 않고 상담을 하는 게 훨씬 편해요. 대리점 경험도 값졌다고 생각해요. 그곳에서 고생하면서 영업력을 쌓아왔던 것이 텔레마케터로 적응하는데 걸리는 시간을 줄여주었죠. 그 일을 안 해봤다면 지금 이 일이 얼마나 괜찮은지 모르고 지냈을 수도 있을 것 같아요. 텔레마케팅은 누구나 할 수 있지만 아무나 잘할 수 있는 일은 아닙니다. 처음 도전할 때는 어려웠지만 이제는 예전처럼 일반 사무직 일은 못할 것 같아요. 영업이라는 게 얼마나 재미있고 매력적인 일이란 걸 이제 제대로 깨달아가고 있어요.

유망직업 메이크업 아티스트
버리고 찾은 새로운 길

어릴 적부터의 꿈

구혜림 매니저(장안TWD센터)는 어릴 때부터 화장품을 워낙 좋아했다. 대학에서 화장품공학을 전공하고, 졸업 후 색조화장품을 만드는 화장품연구소에서 첫 직장 생활을 시작했다. 어릴 적부터 꿈꿔왔던 화장품 연구원이 되어 자신의 손으로 화장품을 직접 만들 수 있게 된 것이 신기하면서 즐거웠다.

하지만 행복한 시간은 오래 가지 못했다. 연구 개발 일이 자신과 잘 맞지 않다는 것을 깨닫게 된 것이다. 연구 개발은 고요한 몰입을 필요로 하는 일이었다. 하지만 외향적이고 활발한 성격의 구 매니저는 이런 침묵의 세계를 견뎌내기 힘들었다. 쉽게 집중하지 못하고 시계를 보는 일이 잦은 걸 보니 자신과 맞는 일이 아닌 듯했다.

대학 때 취득했던 메이크업 아티스트 자격증을 써야 할 때가 왔다. 백화점으로 직장을 옮겨서 메이크업 아티스트이자 화장품 판매원으로 새 출발을 했다. 백화점 일도 막상 해보니 곁에서 보던 것과는 너무 달랐다. 우리가 알고 있는 화려하고 고급스러운 백화점의 이미지는 백화점이 문을 닫은 사이에 이루어진 엄청난 노력의 산물이었다.

개점시간은 10시지만, 오픈 준비를 위해서 직원들은 아침 7시에 출근을 해야 했다. 일찍 출근해서 밤사이에 먼지가 앉은 매대와 바닥을 구석구석 닦았다. 아침 10시에 개점하면 정장에 하이힐을 신고 하루 종일 얼굴에 한가득 미소를 띤 채 서 있어야 하는 것도 무척이나 힘들었다.

폐점시간인 저녁 8시가 돼도 일이 끝난 건 아니었다. 손님들이 사라지고 나면 직원들끼리 남아서 처리할 일이 태산 같았다. 재고관리를 해야 하는 날에는 집에도 못 가고 근처 여관에서 쪽잠을 자다 새벽같이 출근을 하기도 했다. 다른 사람들이 쉬는 공휴일에 백화점은 더 북적였고, 일주일에 이틀을 쉬는 일반적인 직장인들과 달리 백화점에서는 일주일에 단 하루, 그것도 평일에만 쉴 수 있었다. 주말에 쉴 수 없으니 친구들을 만나 수다를 떠는 일도 그녀에게는 꿈만 같은 일이었다.

힘겨운 백화점 일 가운데 그나마 보람을 찾을 수 있었던 건 그동안 몰랐던 자신의 특별한 능력을 발견한 것이었다. 아르바이트로도 뭔가를 팔아본 적이 없었는데도 근무를 시작하고 첫 달 매출이 4백만 원, 다음 달은 7백만 원, 그 다음 달은 8백만 원으로 계속 뛰어올랐다.

자신에게 숨어있는 판매 능력을 발견한 것은 기쁨이었지만 터질 것처럼 붓고 아프고 쓰린 다리는 그녀를 더 이상 지탱해줄 수 없었다. 창문이 없는 막힌 공간에서 하루 종일 지내면서 바깥에 눈이 오는지, 비가 오는지 아무것도 보지 못하고 지내다보니 성격도 예민해지고 까칠해지는 것 같았다. 어떻게든 앉아서 하는 일을 찾아야 할 것 같았다. 그래서 찾은 새로운 일이 바로 텔레마케터다.

승부욕 강한 성격에 딱 맞아

신입 상담원이었을 때 낯선 통신 용어가 가득한 업무가 입과 손에 익지 않아서 고생을 많이 했다. 고객이 질문을 하면 어떻게 해야 할지 몰라서 지금 내부사정으로 전산이 꺼졌다는 황당한 거짓말을 하기도 했다. 그래도 일에 대한 의욕과 집중력이 높아서 금방 업무에 적응할 수 있었다.

구 매니저는 화장품연구원과 메이크업 아티스트로서 일을 해 본 경험이 있기 때문에 텔레마케터 일이 자신에게 얼마나 잘 맞는지 금방 알 수 있었다. 주변에 메이크업 아티스트나 화장품연구원으로 일하는 친구들이 많지만 자신의 급여가 훨씬 높아서 친구들이 부러운 눈으로 그녀를 보고 있다. 게다가 출퇴근 시간이 정해져있고 야근도 없으며, 주말이나 공휴일에 오롯이 쉴 수 있으니 이보다 더 좋은 직장이 어디 있을까?

그녀는 승부욕이 강한 편이다. 누군가 자신보다 실적이 높으면 마음이 심란해져서 견딜 수 없다. 자신보다 잘하는 사람을 따라잡고 뛰어넘으며 계속 실적을 올리는 데 큰 희열을 느낀다. 텔레마케터 일은 성취감이 높고 승부욕의 발휘할 수 있는 일이라서 자신에게 딱 맞는 일인 듯하다. 화장품 연구원이나 메이크업 아티스트가 요즘 유망 직업이자 선망직업이라고 해도 자신은 그걸 놓은 걸 후회한 적이 없다.

"아파도 병원 가기 싫을 정도로 일이 좋아요!"

· · ·

일이 너무 좋아서 일을 안 하면 여기저기가 근질근질해요. 많이 아프면 병원에 가서 누워 있어야 하는데 여기서 일하면서부터는 아파서 죽을 것 같아도 참게 돼요. 주변에서 아프면 병원 가라고 그렇게 잔소리를 해도 안 간다고 하고 일을 해요. 실제로 폐렴 직전까지 간 적이 있는데 하루라도 쉬면 등급이 떨어질 것 같아서 못 쉬겠는 거예요. 제가 입원해서 자리에 없으면 제가 만들 수 있는 실적을 다른 사람에게 줘야 하잖아요. 그게 너무 싫은 거예요. 아무래도 직업병인가 봐요. 예전에 다른 곳에서는 연차를 다 썼는데 여기서는 웬만하면 하나도 안 쓰게 돼요. 제가 이렇게 일하는 것을 좋아하는 사람이 될 줄 몰랐어요.

중국어 번역가에서
고객 감동 상담사로

마감기한 맞추기 위해 하루 종일 책상 못 떠나

이다은 매니저(장안TWD센터)는 중국에서 사업을 하시던 아버지를 따라서 중국에서 어린 시절을 보냈다. 현지학교를 다니면서 자연스레 중국어를 익혔고 그런 인연으로 한국으로 돌아와서 고교 졸업 후 가진 첫 직업이 중국어 번역가였다.

중국에 부는 한류 열풍과 유커들의 국내 여행 붐과 맞물려 중국어 번역 수요도 크게 늘고 있었다. 많은 사람들이 중국어를 배우기 위해 중국어 관련 학과와 학원으로 몰렸고, 번역가가 되기 위하여 통번역대학원으로 진학했다. 그녀는 어릴 적에 이미 유창하게 익혔던 중국어 실력 덕분에 대학에서 중국어를 전공하지 않았어도 번역가가 될 수 있었다. 주변에서 부러워하는 사람이 많았다.

하지만 어려움도 많았다. 마감기한을 맞추려다보니 책상에서 벗어날 수 없는 나날이 이어졌다. 하루 종일 누구와 한 마디 말도 하지 않고 책상만 바라보는 일은 여간 답답하고 힘든 게 아니었다. 게다가 중국어 열풍으로 번역 일을 하려는 사람도 많았던 탓에 중국어 번역만으로 미래를 꿈꾸기엔 희망적이지 않았다.

번역 일에 지쳐갈 무렵, 남들처럼 출퇴근하면서 일해보고 싶다는 생각에 건설회사 사무직으로 옮겼지만 그 일에서도 생활의 안정이나 활기를 찾을 수 없었다.

그러던 중 예전에 누군가로부터 들었던 텔레마케터가 떠올랐다. 열심히 하면 벌이가 괜찮다는 말을 들었지만 당시만 해도 그럴 리가 없을 것이라고 확신했었고 일 자체도 마음에 와 닿지 않았다. 과연 자신이 먼저 누군가에게 전화를 하고 설득을 해서 그 사람의 마음을 열게 할 수 있을지. 마치 사방이 까만 벽으로 둘러싸인 방으로 들어가는 듯 막막하고 두렵기만 했다.

후회할 일은 만들지 말자, 최대한

그런데 평소에 친구들이 농담 삼아 했던 말이 떠올랐다. 그녀는 화장품에 대해 관심이 많았는데 친구들에게 어떤 화장품이 좋다고 이야

    내 꿈은 오늘도 통화 중

기하면 친구들이 그녀의 말에 이끌려서 같은 제품을 사는 경우가 많았다. 자신에게 필요한 것도 아닌데 그녀가 좋다는 말에 혹해서 충동구매를 하고 마는 것이었다. 심지어 어떤 친구는 꿈에서까지 그녀가 좋다는 화장품을 사는 걸 봤다면서 이제는 제발 그러지 말라고 부탁하는 경우까지 있었다.

생각해보니 이 매니저는 어떤 것에 관심이 생기면 그것을 알고 싶어서 파고 들어가는 성향이 있었다. 좋은 게 있으면 그걸 누군가에게 알려주고 그들의 반응이 좋으면 자신이 더 탄력 받아서 더 신나게 그런 일에 몰입하는 스타일이었다. 이런 것을 재미있어 하는 걸 보니 판매에 소질이 있는 것 같았다. 아무래도 더 나이 들기 전에 돈을 모아야 할 것 같고 삶에 변화를 주고 싶어서 일단 지원했다.

신입교육을 받을 때부터 난관이었다. 낯선 용어들을 알아들을 수 없어서 다시 번역 일을 하는 것 같았다. 아무래도 자신에게는 어울리지 않는 일처럼 느껴졌다. 여기서 일하지 않더라도 분명히 어디에선가 일을 할텐데, '후회할 일은 만들지 말자, 최대한'이라는 평소의 좌우명을 떠올리며 일단 3개월은 근무해보기로 마음먹었다.

3개월을 버텼지만 실적은 나아지지 않았다. 집에서 회사까지 1시간 반 거리를 다니느라 체력 소모가 큰 것도 문제였다. 아무래도 다른 데를 알아봐야겠다는 생각이 들었지만 퇴근 후 지쳐서 알아볼 기운이 없었다.

하지만 시간이 모든 것을 해결해주었다. 4개월이 지나고 5개월이 지나고 6개월이 지나면서 조금씩 실적이 올라가기 시작했다. 어느 날 문득 텔레마케터라는 직업에 잘 적응하고 있는 자신을 발견했다. 초기의 부진을 씻고 이제는 실적도 눈에 띠게 좋아져 상위 실적을 올리는 텔레마케터가 되었다.

"열정적인 사람들이 모여서 재미있고 단합도 잘돼요"
· · ·

번역을 하거나 건설회사에 다닐 때는 하루하루가 밋밋하고 똑같았어요. 책상에 앉아서 쳇바퀴 도는 다람쥐 같은 생활을 했죠. 지금도 책상에 앉아 있지만 매일매일 다른 일들이 생깁니다. 하루하루 다양한 사람들과 통화를 하고, 그때마다 상황도 다르게 흘러가니까요. 회사 분위기도 열정적입니다. 본인이 얼마나 열심히 하느냐에 따라 실적이 달라질 수 있으니까 그럴 수밖에 없죠. 열정적인 사람들이 모여 있어서 그런지 재미있고 단합도 잘됩니다.

군대 같은 보안 서비스에서
동호회 같은 텔레마케팅 세계로

체대와 미용학과 두 군데 대학 다녀

홍석천 매니저(장안TWD센터)는 살아온 이력이 독특하다. 체육대학에 진학했지만 대학 생활을 제대로 즐겨보고 싶다는 마음에 학교를 그만두고 미용학과에 다시 입학했다. 체대생일 때는 주변에 남자뿐이었는데 미용학과에 가니 주변에 여학생뿐이었다. 남성 취향과 여성 취향의 양극단의 전공을 동시에 경험한 것이 고객의 니즈를 파악하는 지금의 일에도 큰 도움이 되고 있다.

미용학과를 다니다 입대했으나 제대 후 미용학과로 돌아갈 마음이 생기지 않아 그길로 취업 전선에 뛰어들었다. 대학 중퇴였지만 운 좋게 대기업 계열 보안 서비스 업체에 입사할 수 있었다. 4년제 대학 나온 친구들보다 연봉이 높았고 복리혜택을 누릴 수 있어서 행복했다.

보안 업무도 서비스 업종이라 고객과 직접 만나는 일이 많다보니 스트레스도 많이 받았다. 늦게 출동했다고, 기계가 안 된다고 면전에서 욕을 하는 고객들도 있었다. 고객의 불만은 견딜 수 있었지만 그를 더욱 힘들게 하는 문제는 따로 있었다. 업무적으로 인정을 받기 어렵고 그러다보니 진급도 쉽지 않다는 점이었다. 조직 구조상 더 높은 직급으로 올라갈 수 있는 가능성이 거의 없었다. 게다가 근무가 주야간으로 계속 돌아가는 시스템이어서 주말은 당연히 없고 추석이나 설날 같은 명절에는 빈 집과 빈 가게를 순찰하느라 늘 자동차 안에서 지내야 했다. 그러면서 스트레스가 많이 쌓였는지 어느 날 술을 마시고는 잘못된 선택을 했다. 음주상태로 차를 운전했다가 적발돼 면허정지가 된 것이다.

순찰이 주요 업무인 사람에게 면허정지란 더 이상 일을 할 수 없다는 의미였다. 그는 퇴사를 하고 친구와 함께 목 좋은 곳에서 떡볶이 가게를 열기로 했다. 마침 괜찮은 자리가 생겼는데, 두 달 이후 자리가 빈다고 했다. 그와 친구는 잠시 동안 아르바이트를 하고 다시 만나자는 약속했다.

매일 매일 회사 다니는 게 즐겁다

그런데 그 잠시가 수년이 됐다. 아르바이트로 시작한 이 일이 생각보다 적성에 맞았다. 전 직장에서는 인정받기도 힘들고 진급도 막혀있었는데 이곳에서는 기회가 많이 주어졌다. 그동안 몰랐던 자신의 적성을 발휘하면서 입사한지 1년도 되지 않아 부실장으로 진급할 정도로 좋은 성과를 거두었다.

외로움을 많이 타는 성격이라 사람 만나는 것을 좋아하는데 예전 직장과 달리 직장 문화가 좋고 직장 내 사람들과의 관계가 좋은 것도 무척이나 만족스럽다.

예전 직장이 군대 같았다면 지금 직장은 친구들과 함께 하는 동호회 같은 분위기다. 일을 마치고 다 같이 우르르 몰려가서 술잔을 기울일 수 있는 것도 그에게는 빼놓을 수 없는 행복이다. 누군가 그날 이상한 고객 때문에 힘들었다고 하면 서로 술 한 잔씩 하면서 위로하고 마음을 다독여준다. 예전 직장에서는 아무리 스트레스를 받아도 주야간으로 근무 교대를 하다 보니 동료들을 챙겨줄 마음의 여유가 없었다.

출퇴근 시간이 확실히 정해져 있어서 개인적으로 하고 싶은 일들을 마음껏 할 수 있는 시간적 여유를 갖게 돼 이제 사람답게 사는 느낌이 든다. 심지어 매일 매일 회사 다니는 게 즐거울 정도로 일이 만족스럽다.

"일 편하고 돈 많이 주는 신기한 직장"
. . .

초등학교 다닐 때부터 신문 배달, 중국집 배달, 전단지 돌리기, 서빙, 막노동 등 험한 일들을 많이 해봐서 그런지 세상에 이런 일 보다 더 쉬운 일 또 있을까하는 생각이 들 때가 있어요. 이렇게 편하게 일하는데 돈도 많이 주는구나 싶어서 참 신기한 직장이구나 하는 생각까지 들어요. 운동을 하려고 하면 어디 신체적 한계가 분명히 있어서 부딪히고 하는데, 이 업무는 제가 이렇게 해보고 저렇게 해보고 하면서 제가 생각하는 대로 해나갈 수 있어서 확장성이 높은 것 같아요. 그래서 정말 즐겁게 회사를 다니고 있고요, 처음에는 제가 이런 일을 잘 할 수 있을까 싶어 친구들한테도 텔레마케터 일을 한다는 말을 못 하고 있었는데 제가 생각하지 못한 영업능력이 있더라고요. 일종의 자기 발견의 기회를 만난 것 같아요.

chapter 3

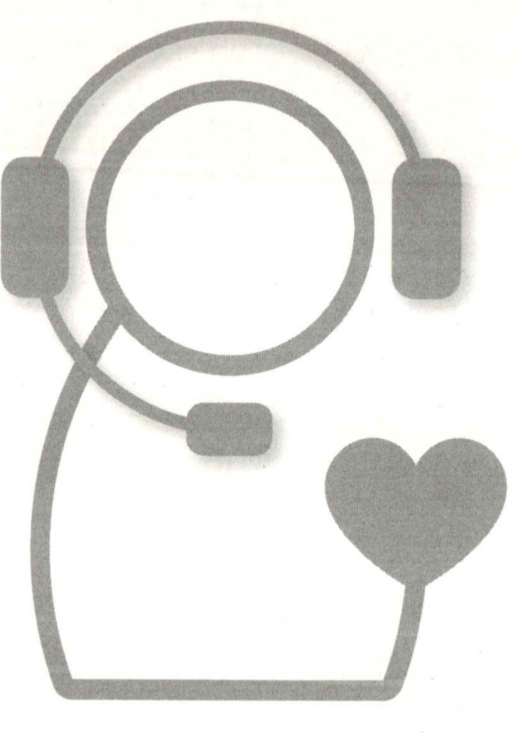

잊을 수 없는
순간, 순간들

텔레마케터를 향한 길

가슴 떨리던 첫 순간

갈 때 가너라도 그냥은 못가겠다

눈물은 있어도 포기란 없다

전화로 맺은 행복한 인연

달라진 나의 삶, 나의 인생

텔레마케터를 향한 길

녹록지 않은 신입 텔레마케터의 훈련 과정

텔레마케터 세계에 입문한 막 신입사원에게는 전화 상담을 계속 시도해야한다는 것 자체가 공포와 긴장의 연속이다. 이런 상황들을 극복하기 위해서는 많은 교육과 개인적인 노력이 필요하다.

우선 한 사람의 전문직업인인 텔레마케터로 성공적으로 입문하기 위해서는 고되고 빡빡한 일정의 신입교육을 소화내야 한다. 신입교육은 대략 한 달 동안 이뤄진다. 크게 세 가지 부문으로 회사상품에 대한 이론교육, 전산을 취급하는 교육, 실제로 통화를 해보는 실습교육이 있다. 한 달 뒤에는 육성실로 배치를 받아서 이론교육과 실습과정을 거치는데, 이때는 고객과 실제로 통화하는 시간이 더 많이 늘어난다.

신입사원과 기존사원의 중간단계인 육성실 과정에서는 기존사원의 목표 실적에서 50% 이상을 달성해 보도록 하면서 역량을 강화해 나간다. 통화 실습 때 신입사원과 우수사원이 멘티와 멘토로 함께 동석하여 콜을 청취하는 OJT(On The Job Training) 방식으로 교육이 진행되기도 한다. 상시적으로 슈퍼바이저로부터 피드백을 받음으로써 자신의 콜 응대능력을 점검하고 개선해 나간다.

육성실에서 일정 정도의 실적이 달성되면 기존의 텔레마케터와 함께 일하는 일반실로 가게 된다. 일반실로 발령이 날 때까지의 기간은 개개인의 실적에 따라 차이가 난다. 처음부터 뛰어난 실력을 보이는 사람은 한 달 만에 가기도 하고, 오래 걸리면 석 달까지 걸린다.

여유로운 백조의 부지런한 발짓

텔레마케터가 고객과 통화하는 모습은 백조가 여유롭게 물 위를 떠다니는 상황과 흡사하다. 고객과 차분하게 통화를 하는 사이, 텔레마케터의 손과 머리는 여러 페이지의 전산화면과 검색창과 메신저를 오간다. 수면 아래서 열심히 발짓을 하는 백조의 모습과 비교된다.

고객과 전화가 연결되면, 전산화면을 활용하여 상담과 관련된 고객정보와 상담정보를 확인하고, 그와 동시에 필수 응대사항 등이 정리된 스크립트를 보면서 대화를 이어나간다.

상담을 하면서 전산의 정보를 잘못 읽거나 놓치게 되면 잘못된 안내를 하게 되는 경우가 생길 수도 있다. 그럴 경우 고객의 민원이나 금전적 손해로 이어져 이는 불만 건으로 되돌아오기 마련이다.

신입 텔레마케터의 경우, 업무지식이 부족하고 전산을 활용하여 필요한 정보를 찾아내는 데 굼뜰 수밖에 없다. 그래서 고객과 통화하다 모르는 내용이 나오면 신입 텔레마케터들은 다급한 마음에 상위 실장이나 선배 텔레마케터를 향해 팔을 크게 흔들거나 자리에서 일어나 도움을 요청하는 경우가 종종 생긴다. 그렇게 해서 해결이 되지 않으면 고객에게 양해를 구한 뒤 전화를 일차적으로 종료하고 추후에 정확한 답변을 확인한 후 콜백 상담을 진행하게 된다.

이러한 상황을 반복적으로 겪고 부딪히고 깨지고 헤쳐 나가면서 업무지식, 전산 활용, 의사소통 능력, 감정관리 능력 등을 두루 갖춘 유능한 텔레마케터로 성장해 나간다. 각양각색의 요구와 취향과 개성을 가진 고객의 마음을 얻어내는 소통의 달인, 소통전문가인 텔레마케터로 새롭게 탄생하는 것이다.

텔레마케터라는 전문 직업인으로 성장하기까지 가슴이 떨리는 순간이 많다. 고객과 첫 통화를 할 때는 두려워서 가슴이 떨리고, 첫 가입유치에 기뻐서 가슴이 콩닥거리고, 자신의 실수나 고객과의 갈등으로 부끄럽고 억울해서 가슴이 쿵쿵거리고, 벅차고 고된 고객 상담 중에 따뜻한 격려와 응원의 한 마디에 감동하여 가슴이 싸해지는 순간이 있다.

　이러한 과정을 겪지 않고 그냥 텔레마케터가 될 수는 없을 것이다. 한 사람의 신입교육생이 어떤 과정을 거치고, 어떤 노력을 하면서 텔레마케터라는 전문직업인으로 성장하는지에 대해 현장에서 일하는 텔레마케터들의 생생한 목소리로 들어보고자 한다.

가슴 떨리던 첫 순간

우황청심환으로 심장을 달래야 했던 첫 상담

김종현 매니저(마포CRM센터)는 회사에 입사원서를 낼 때까지만 해도 자신이 하게 될 일이 영업직인지 몰랐다. 아는 사람이 이 회사 야간 기술부서의 급여가 높다고 해서 채용공고를 기다리고 있었는데 공고가 올라오지 않아 조바심을 내고 있던 참이었다. 그 때 마포CRM센터에서 채용공고가 나왔는데 마냥 허송세월을 보낼 수는 없어서 덜컥 지원서를 넣었다. 우선 입사부터 한 다음 나중에 자신이 원했던 부서로 옮겨가겠다는 복안이었다.

입사 준비를 하면서 영업직인 것을 알고 멈칫했지만 '일단 해보자', '나도 똑같은 사람인데 할 수 있겠지'하는 마음으로 새로운 일에 도전했다.

중학교 1학년 때부터 편의점, 롯데리아, 치킨 피자 배달, 공사장 막노동 등 해보지 않은 아르바이트가 없었지만 영업은 처음이라 두려웠다. 고객과 통화실습을 하기 전에는 너무 떨려서 우황청심환까지 먹었다. 그런데도 너무 심하게 떨어서 주변에서 계속 괜찮으냐고 물었다. 그래서 첫 통화했던 고객을 수년이 흘렀는데도 아직까지 또렷하게 기억하고 있다.

처음으로 통화한 고객은 중년의 여성이었다. 미리 작성해둔 스크립터를 순서대로 읽어 내려가면 될 줄 알았는데 그것도 만만치 않았다. 그가 1번, 2번, 3번을 이야기하는 중이었는데 고객은 이미 7번, 8번에 대한 질문을 하거나 스크립터에 아예 없는 걸 질문했다.

가슴은 요동치고 이마에선 진땀이 흐르고 정신은 혼미했다. 하는 수 없이 음성소거 버튼을 누르고 옆 자리의 선배나 실장에게 물어 보고난 다음 다시 고객에게 대답해주고, 또 모르는 게 나오면 음성소거 버튼을 누르고 옆 자리 다른 동료에게 물어보고 고객에게 대답해주는 식이었다.

완전히 엉망이었다. 다행스럽게도 아량이 넓은 고객이라 아무 말 없이 기다려 주었다. 이래서는 안 되겠다 싶어서 솔직히 털어놓았다.

"사실은 교육받고 오늘 처음 고객님과 통화를 시도해보는 겁니다. 아직 모르는 것이 많아서 죄송합니다. 대신 최대한 확인해서 많은 혜택을 드리겠습니다."

워낙 마음씨가 좋은 고객이라 상담이 끝날 때까지 오랜 시간이 걸렸는데도 넓은 마음으로 받아주고 가입신청까지 했다. 첫 통화에 가입유치를 이룬 것에 고무되어 자신감도 커졌다. 주변에서도 어떻게 첫 통화에서 가입을 내냐며 앞으로 정말 잘하겠다면서 기대를 모았다.

하지만 행운은 그때 뿐이었다. 막상 실전에 투입돼 보니 상황은 역전됐다. 일주일 동안 한 건도 못하던 동기들의 실적은 쑥쑥 올라갔지만 김 매니저의 실적은 꼴찌였다.

그것도 1년 동안이나 부끄럽고 미안한 상황이 지속됐다. 실적이 잘 나오는 주변의 선배나 동료들에게 모르는 것을 물어봤다. 처음에는 신입이니까 잘 알려줬다. 그것도 너무 자주 오래 물어보니까 어느 순간부터 귀찮아하는 기색이 역력했다. 실적이 오르지 않는데 어쨌든 열심히 하는 자신이 너무 아둔하고 바보 같았다. 홀로 느끼는 자괴감뿐만 아니라 사람들 사이에서 느끼는 소외감이 커졌다. 날마다 속이 뒤집히는 것 같았고, 남들과 비교되는 자신을 끝없이 질타하며 깊은 우울감에 허우적였다.

그러던 어느 날 하루 종일 나쁜 생각에 빠져 지내고 있는 자신을 되돌아보게 됐다. 나쁜 생각은 늪이어서 하면 할수록 더 깊이 빠져들었다. 그래서 생각을 바꾸기로 결심했다. 무조건 열심히 하자, 하면 된다는 쪽으로만 생각을 하기로 했다. 어떻게 하면 잘 할 수 있는지를 계속 생각하고 그 방법을 찾아 헤맸다.

영업 노하우를 알려주는 책도 읽고, 잘하는 사람들의 콜을 계속해서 듣고 부지런히 베껴 썼다. 여자 친구가 주말에 집에 놀러 와도 하루 종일 그 생각만 하느라 제대로 된 대화도 나누지 못했다. 여자 친구도 스트레스가 너무 큰 상황이란 걸 알고는 곁에서 조용히 있다가 집으로 갔다.

눈치가 보이긴 했지만 회사에서는 다행히 열심히 노력하는 사람으로 인정받고 있었다. 그래서 1년 동안 실적이 최하위 등급인데도 그를 지원하고 응원해줬다. 그가 노력한지 1년 즈음이 되자 실적이 하나둘씩 나오기 시작했고 얼마 되지 않아 최고 등급으로 올라섰다. 그동안 연구하고 노력해온 것이 산으로 쌓였는지 그가 최고 등급에서 내려오는 일은 아직까지 없었다. 오랫동안 어떻게 하면 고객의 마음을 얻을 것인지에 대하여 고민하고 연구하고 실험해온 덕분에, 이제 그만의 노하우는 또 다른 실력 부진자들에게 길잡이가 되고 있다. 곧잘 회사에서 특강을 마련하여 그동안 자신이 터득한 노하우를 아낌없이 후배 텔레마케터들에게 꺼내놓고 있다.

예전에는 노력하는 방법을 아예 몰랐어요. 학생 때도 어떻게 노력하는 건지 몰랐어요. 공부를 잘하기 위해서 복습을 해야 한다는 정도만 알았지요. 세상의 일이란 내가 얼마나 열심히 신경을 써서 하느냐에 따라 달라지는 것 같아요. 제가 잘 할 수 있는 건, 무식하다고 할 수 있지만 기본에 충실한 것이예요. 옆길로 세지 않고 정석대로 가는 겁니다. 다른 분들은 힘들면 빠지려고 하거나 머리를 써서 쉬운 방법으로 해보려고 하는데 저는 회사에서 내려오는 기준대로 하려고 하죠. 대신에 엄청 노력을 합니다. 회사에 나와서 연구하고, 집에서도 계속 고민을 합니다. 제가 찾아낸 방법을 실천해보고 괜찮으면 사람들에게 강의를 열어 알려줍니다. 회사에 다니면서 노력한다는 게 어떤 건지 터득하게 된 거 같아요. 노력하면서 조금씩 달라지는 저 자신이 느껴지고 주변에서 알아봐주시면서 그게 즐겁고 보람 있어서 더 노력하고 연구하게 됐어요.

【김종현 매니저, 마포CRM센터】

어정쩡한 사투리 때문에 보이스피싱 오해 받아

강성경 매니저(마포CRM센터)는 신입교육 때 업무와 관련된 용어를 들을 때면 마치 낯선 외국어를 쓰는 땅에 홀로 떨어진 듯한 기분이었다. 설명을 들어도 무슨 말인지 도무지 이해가 되지 않았다. 모르는 것이 있으면 질문을 하라고 하는데도 무엇을 알고 무엇을 모르는지조차 가늠이 되지 않아서 끔뻑끔뻑 강사 얼굴만 보고 있었다.

고객 역할과 상담원 역할을 나눠서 해보는 롤플레잉 연습을 할 때는 국어책 읽듯이 말을 해서 주변 사람들의 폭소가 터졌다. 직접 고객을 상대로 하는 통화 실습 때에는 제발 고객이 전화를 받지 않기를 마음속으로 빌고 또 빌었다.

경상도 사투리를 쓰고 있었는데 한창 보이스피싱이 사회적으로 문제가 되던 상황이어서 전화 통화를 할 때면 말투로 인한 오해도 많이 받았다.

"혹시 이거 보이스피싱 아니에요?"

서울말을 흉내내는 어정쩡한 사투리가 연변 말투처럼 들렸던 모양이었다. 상담이 잘 진행되다가도 요금계산에 들어가면 아무래도 이상하다며 전화를 끊는 일도 종종 있었다. 사투리 때문에 마음고생이 심해 자신감이 바닥까지 떨어졌다.

고객과 통화 실습을 하는 동안 곁에서 듣고 있던 선배 매니저는 한숨을 푹푹 쉬었다. 목소리는 점점 작아졌고 중얼중얼 자신 없는 목소리로 무슨 말을 하는지 자신도 알 수 없을 정도였다. 그런 그의 목소리를 듣고 동기들도 계속 웃었다. 스스로 생각해도 너무나 창피한 노릇이었다.

처음에는 누구나 서투르기 마련이지만 강 매니저의 경우는 그 정도가 심했다. 훈련을 봐 주던 선배 매니저는 참다못해 헤드셋을 벗어보라고 하더니 한 마디 던지고 자리에서 일어났다.

"지금은 무슨 상품을 팔 생각을 할 때가 아녜요. 메모장에 인사말 적어두고 갈 테니 교육 진행하는 두 시간 동안 그것만 읽으세요."

선배는 텔레마케터 일이 강 매니저에게 맞지 않는 것 같다면서 다른 일을 알아보는 게 어떠냐고 진지하게 조언을 해주기도 했다. 자신도 그렇게 생각했지만 그만 둘 때 그만 두더라도 3개월은 악착같이 해보고 싶었다.

3개월 동안 노력해서 일반실로 올라가고 난 다음 그만둘지 어떨지 생각해보기로 했다. 그 상태에서 쉽게 단념해버린다면 다른 곳에 가서도 어떤 일도 제대로 할 수 없을 것 같았다. 이런 경험이 앞으로 살아가는 데 도움이 될 것이라는 생각도 했다.

신입교육이 끝나고 난 후 육성실에 와서도 인사말이 적힌 메모장을 읽고 또 읽었다. 육성실에 있는 동안 다른 동기들은 같은 신입인데도 하루에 몇 개씩 실적을 내고 있었다. 강 매니저는 육성실에서 지내기 시작한지 보름이 넘도록 단 하나의 실적도 내지 못했다. 하지만 좌절하지 않았다.

'아직 인사말도 제대로 못하는 사람이니까 실적이 안 나오는 건 어쩌면 너무나 당연한 일일 수도 있지.'

그러다 보름 만에 우연한 기회에 계약 하나를 유치하게 됐다. '소 뒷걸음에 쥐 잡은 격'으로 자신의 실력이 아니라 어쩌다보니 이루어진 계약이었다. 원래는 다른 회사의 인터넷 TV 상품을 구입하려던 고객이었다. 그 고객과 통화를 하는 순간, 마침 설치기사가 오고 있는 중이라는 이야기를 들었다.

"고객님 얼마에 하시기로 했어요?"

대답을 들어보니 생각보다 비싼 요금이었다.

"저희 회사에서 하면 더 싸게 할 수 있는데…"하고 말끝을 흐렸다.

"이미 상품을 신청해서 지금 기사가 오고 있는데 어떻게 해요."

그때 무슨 용기가 났는지 모르겠다. 고객을 강하게 밀어 붙였다.

"고객님, 지금 그서 취소하는 게 낫지 않으시겠어요?"

지금 와서 생각해보면 그리 어려운 일도 아니었다. 하지만 일생 처음으로 계약을 따낼지도 모르는 상황이라서 심장은 고동쳤다. 차분하게 통화를 이어가야 하는데 벅차오르는 감정을 주체할 수 없어서 계속 목소리가 떨렸다.

고객에게 계약 관련 필수 안내사항들을 읽어줘야 하는데 그동안 다른 동기들이 하는 것만 들었지 자신이 한 번도 읽어보지 못했던 터라 어디서부터 어떻게 읽어 나가야 할지 막막했다. 다행히 주변의 도움으로 어렵사리 첫 계약 과정을 순조롭게 마무리할 수 있었다.

자신이 잘해서 성사된 계약이 아니라 정말 우연히 얻어 걸리게 된 것인데도 자신감이 생겼다. 하나도 못 팔고 끝낼 줄 알았는데 하나라도 판 게 어딘가라는 생각과 함께 왠지 앞으로도 잘될 것 같은 예감이 들었다. 정말로 그때부터 놀라운 일들이 벌어졌다. 하루에 하나씩 잇달아 판매에 성공하는 신기한 상황이 일어나게 된 것이다.

시간이 흐르면서 그가 말할 때마다 곁에서 사투리 쓴다고, 이상하게 말한다고 웃어대던 동기들이 하나둘 씩 퇴사했다. 남들이 쉽게 하는 인사말부터 차분히 연습을 하며 기초부터 차근차근 익혀나간 덕분인지 육성실에서 정식사원으로 발령받는 일반실로 옮겨간 이후 조금씩 실적이 늘기 시작했고 지금은 최고 등급의 실적 상위자가 됐다.

어느 날 술자리에서 실습 훈련 때 자신에게 텔레마케터 일이 맞지 않겠다고 했던 선배를 만나게 됐다. 그 선배는 당시의 일에 대해서 무척이나 미안해했다. 강 매니저가 최고 등급이 될 만큼 잘할 줄은 몰랐다면서 자신의 판단을 부끄러워했다. 강 매니저는 텔레마케터로서 가능성이 없다고 말했던 선배 매니저로부터 인정을 받게 된 것이 무척이나 뿌듯했다.

한편으로는 고마웠다. 다른 상담사 선배들은 자신에 대해서 솔직히 말해주지 않았는데, 그 선배는 강 매니저가 얼마나 문제가 많은지 정확하게 말해줘서 정신을 바짝 차릴 수 있게 됐기 때문이다.

신입으로 들어왔을 때 동기가 14명이었는데, 이제 몇 명 안 남았네요. 그때 저보다 훨씬 잘했던 사람들도 3개월 안에 그만두더라고요. 지금 남아있는 동기들이 그래요. 나는 성경이가 제일 먼저 그만 둘지 알았는데 이렇게 잘하고 있어서 신기하다고요. 신입교육 때 쉬는 시간에 동기들과 이야기하면서 힘들다, 그만두고 싶다는 소리를 들었어요. 저는 그게 참 이상했어요. 처음 하는 일이니까, 아직 익숙하지 않은 일이니까 못하는 게 당연한데 왜 그만둘 생각부터 하는지 이해가 안 됐어요. 기존의 텔레마케터들만큼 오래 해 왔으면 저희도 그만큼 잘해내겠죠. 이건 내 일이 아니라는 생각, 적성이 아니라는 생각도 어느 정도 해보고 경험해봐야 아는 게 아닐까 싶어요.

【강성경 매니저, 마포CRM센터】

갈 때 가더라도 그냥은 못가겠다

'부적(?)'까지 뜯어 먹으며 버텨내다

이재원 매니저(마포CRM센터)는 신입 시절 돈이 워낙 없다보니 동기들과 밥도 함께 먹지 못했다. 동기들이 밥 먹으러 나갈 때면 배부르다고, 밥 생각 없다고 말하고 혼자 편의점에 가서 컵라면이나 빵 하나를 사먹곤 했다. 그마저도 어려울 땐 물만 먹고 하루 종일 버텨야했다.

나중에는 너무 배가 고픈 나머지 같은 사무실의 텔레마케터들끼리 통하는, 귀한 부적(?)을 먹어치우는 상황까지 발생했다. 텔레마케터들 사이의 장난 같은 말이지만, 일을 잘하는 사람이 갖고 있던 컵라면을 상담할 때 앞에 두면 일이 잘된다는 미신이 있었다. 그래서 잘하는 선배가 신입사원들을 격려하기 위해 자기가 갖고 있던 컵라면을 물려주는 일이 더러 있었다.

이재원 매니저도 선배로부터 컵라면을 하나 물려받아 부적처럼 모셔두
고 상담을 하고 있었다. 그런데 너무 배가 고픈 나머지 도저히 견딜 수 없
어서 귀한 부적의 포장을 벗기고 있는 자신을 발견한 것이다. 주머니를 아
무리 뒤져봐도 백 원짜리 동전 하나 나오지 않던 날이었다. 아무리 밀봉된
상품이라고 해도 몇 달 동안 모셔 놓고 있던 거라 눅눅해져서 먹기가 힘들
었다. 눅눅한 컵라면을 먹으면서 버텨야할 만큼 서러운 나날의 연속이었
다.

그런 배고픔을 견디며 혼자 사무실에 남아서 노력한 덕분에 신입사원들
가운데 최고의 실적을 올릴 수 있었다. 신입사원들이 근무하던 육성실에서
5백만 원의 급여가 나오면 꽤 많은 금액이었다. 그 돈으로 동기들 모두에
게 밥을 샀다.

아무 것도 모르는 채로 텔레마케터가 되겠다고 덤볐던 자신을 받아주고,
실력을 갖출 때까지 기다려주고 응원을 해준 동료들과 회사에 대한 감사의
표시였다. 그날 평소의 자기 형편을 생각하면 무리를 하며 많은 액수의 비
용을 지출했지만 하나도 아깝지 않았다.

앞으로 어떻게 상담하면 될지 어느 정도 감을 잡은 상태였다. 계속 상위
권의 실적을 유지할 희망이 보였다. 눈물겹게 서러웠던 궁핍한 시절이 끝나
가고 있음을 직감했기 때문이었다.

1년간 '꼴찌' 하면서도 포기하지 않아

김종현 매니저(마포CRM센터)는 입사하고 1년 동안 실적이 나오지 않아 속이 탔다. 실적이 덜 나오는 정도가 아니라 아예 전체에서 꼴찌나 마찬가지인 상태로 1년을 보냈다. 그럼에도 불구하고 자신에게 계속 기회를 주는 회사가 고마울 뿐이었다. 주변에서도 그에게 늘 노력하는 자세가 좋다면서 응원하고 격려해줬다. 1년 동안 꼴찌로 지낼 만큼 실적이 형편없었다면 대개의 경우 자신의 적성을 탓하며 퇴사를 생각하게 마련이다. 하지만 김종현 매니저는 왠지 모르게 그만 두기가 싫었다.

아주 뛰어난 실적을 내는 상위자도 아니고, 보통의 실적을 내고 있는 주변의 동기들만 해도 하루하루 생활의 질이 바뀌고 있는 것이 눈에 보일 정도였다. 신입시절, 같은 나이의 동기들이 실적이 점점 좋아지면서 좋은 옷도 마음껏 사 입고, 맛있는 음식도 부담 없이 사 먹는 걸 보고 내심 부러웠다. 그런 게 눈에 계속 들어오는 상황에서 포기할 수가 없었다. 자신도 부지런히 노력하는 사람인데, 저 사람들은 잘하고 나는 왜 못하는지 날마다 자괴감밖에 들지 않았다. 노력은 많이 하는데 실적이 나오지 않는다면 텔레마케터로 일할 사람이 아닌 것 아니냐는 말이 주변에서 들려오기 시작했다. 너무나 암울한 나날이 계속되었다. 그래도 끝까지 포기할 수 없었다.

잘할 수 있는 방법은 뭐든지 좋으니 제발 알려 달라고 음료수나 담배를 챙겨서 주변의 선배 텔레마케터를 찾아다녔다. 사람들이 귀찮아할 때까지 묻고 또 물었다. 정말 자신이 할 수 있는 모든 방법을 다 해봤다고 해도 과언이 아니었다.

영업 조직에서 1년이면 무척이나 긴 기간이다. 회사에서는 꼴찌인 자신을 지켜보고 감싸줬다. 하지만 1년이 지나가도록 그의 실적은 조금도 나아지지 않았다. 이 정도면 텔레마케팅은 자신과 맞지 않는 일이라는 것이 확실히 증명된 듯 했다. 이제는 스스로 결정을 해야 할 때가 된 것 같았다.

'그래, 이번 달까지만 다니고 그만 두자.'

그렇게 마음을 먹고 출근한 날 아침, 이상한 일이 벌어졌다. 갑자기 예기치 않았던 실적이 쏟아지기 시작한 것이다. 당시만 해도 3일에 한 건 나오기도 힘든 상황이었는데 하루에 갑자기 8건이나 가입을 유치한 것이었다.

'오늘 운이 좋았나?'

놀라고 기쁜 마음을 내색하지 않고 혼자 속으로 삼켰다. 운이라면 그 다음 날이면 다시 실적이 없던 옛날로 돌아가는 게 맞았다. 하지만 그 다음 날도 계속 청약이 쏟아져 나왔다.

탄력을 받은 김종현 매니저는 자신감을 갖고 그동안 연구하고 노력해왔던 방법들을 써보기 시작했다. 다행히 그 이후로 실적은 꾸준히 나아졌다. 텔레마케터로서 자신감도 커졌고, 자신이 하던 방식에 대한 확신감도 높아졌다. 꼴찌를 두려워하지 않고 버티고 견뎌낸 시간들이 마침내 빛을 보게 된 것이다.

머릿속으로 미리 상담을 구상하다

진태민 매니저(마포CRM센터)는 고객과 전화 상담을 시작하고 보름 동안 실적이 하나도 나오지 않아서 고민에 빠졌다. 주변에서 동기들은 하루에 몇 개씩 실적을 올리는데 혼자서만 민망한 상황이 이어졌다. 고객 상담 개시 후 드디어 보름 만에 가입고객이 나타났다. 하지만 첫 가입은 불발로 끝나게 됐다. 고객이 사는 곳이 워낙 오래된 아파트 단지여서 최신 인터넷과 TV 서비스를 설치할 수 없는 상황이었다.

보름 만에 유치됐던 계약이 불발로 끝나자 텔레마케터라는 직업에 대해 회의가 느껴졌다. 그즈음 예전 의류 디자이너로 일하던 삼촌 회사에서 다시 일하자고 연락이 왔다. 요즘 일이 너무 많고 잘돼서 옷 디자인 할 사람이 급히 필요하다고 했다. 갈등이 밀려왔다. 보름 동안 실적도 하나 내지 못한 걸 보니, 텔레마케터 일과는 적성이 맞지 않는 듯 했다. 그만 두려고 결심하기 직전, 그래도 한번 만 제대로 해보자, 나갈 때 나가더라도 노력은 더 해봐야겠다는 생각이 들었다.

그런데 얼마 후부터 가입이 쏟아졌다. 보름 동안 아무것도 안됐는데, 갑자기 상황이 반전됐다. 그동안 부지런히 전화를 돌려뒀던 고객들이 서서히 마음을 열고 반응을 보이기 시작한 덕택이었다. 육성실 과정이 끝날 때 보름 동안 하나도 못 팔았지만 나머지 보름 동안 계약 성사가 많았던 덕분에 전체

4등을 하고 선배 텔레마케터들이 근무하는 일반실로 발령이 났다. 일반실에 가서도 자신이 많이 부족한 사람이라고 생각하고 끊임없이 노력했다.

고객 입장이 되어 하루에 A4 용지에 네 장씩의 스크립터를 작성했다. 이런 성향의 고객일 때는 이렇게 멘트를 준비하고, 저런 성향의 고객일 때는 또 다른 방식으로 응대하는 게 좋겠다고 혼자서 구상하고 적어 내려갔다.

아침 저녁으로 일찍 출근하고 늦게 퇴근하면서 자신의 콜을 들으며 모니터링했고, 잘하는 상위자들의 콜과 실적부진자의 콜도 챙겨들었다: 잘하는 사람의 콜을 들으면 배울 점이 많았고 실적부진자의 콜을 들으면 자신감이 생기며 나라면 이렇게 했을 거라는 대응 시나리오를 머릿속으로 그리게 됐다. 그런 노력 덕분에 같이 아는 게 너무 없고 어이없는 실수를 저질러 대서 주변 사람들에게 어이없는 웃음을 터뜨리게 만들었던 그가 어느덧 실적 최고의 유능한 텔레마케터로 성장할 수 있었다.

눈물은 있어도 포기란 없다

홧김에 벌인 고객과의 삐딱한 감정싸움

"너 삐꾸냐? 똑같은 상품 다른데서 가입하면 일이백만 원 준다는데 내가 왜 여기서 그걸 가입해?"

김종현 매니저(마포CRM센터)는 평소처럼 고객에게 전화를 걸어서 추천 상품에 대해 안내를 하는 중이었다. 고객은 그의 말을 끊더니 다짜고짜 욕설을 퍼부었다. 보통 때 그런 상황을 맞았다면 조심스럽게 물러났을 텐데 그날따라 김 매니저는 감정 조절이 잘되지 않았다.

"죄송하지만 가입한다고 일이백만 원을 주는 게 어디 있습니까? 잘못 알고 계시는 거 아니에요? 스팸으로 그런 것이 올 수도 있어요. 여기는 고객센터여서 정확히 정해진 금액만 지급됩니다."

따지듯이 삐딱하게 굴며 고객을 자극했다. 친절한 척하는 말투 속에 송곳을 끼어 넣어 약이 오른 고객의 비위를 슬슬 찔러댄 것이었다.

"지금 장난해? 뭐하는 놈인데 그런 말을 해? 당장 상사 바꿔봐."

험한 말을 아무렇지 않게 던지고 모욕적인 발언을 서슴지 않는 고객을 상대하는 것이지만, 일단 고객의 감정이 격한 상태였기 때문에 감정적으로 대응하는 게 아니었다. 차라리 죄송하다고 말하고 통화를 종료하는 편이 현명했다. 하지만 이미 엎질러진 물, 실장에게 전화를 돌렸다. 실장은 고객과 한참 동안 통화를 하더니 전화를 끊자마자 김 매니저를 불렀다.

"너는 정말 잘못한 게 없었어?"

"네, 저는 잘못한 게 하나도 없습니다."

억울하고 분한 마음에 그냥 그렇게 대답해 버렸다. 자신의 잘못은 전혀 생각하지 않은 채 고객이 문제였다고 상황을 설명한 것이다. 실장은 한숨을 내쉬었다. 실망한 기색이 역력했다. 그는 이미 녹취된 상담을 다 들은 후였다.

"고객이 먼저 잘못한 게 맞지만 상담원이 고객의 감정에게 끌려 다니면서 똑같이 삐딱하게 응대하는 게 맞아?"

김종현 매니저는 실장의 지적을 받는 순간 부끄러움 때문에 얼굴이 빨갛게 달아올랐다.

'내가 왜 그랬을까? 실장에게 왜 내 행동을 떳떳하고 솔직하게 보고하지 않았을까?'

후회가 밀려왔다. 상담원으로서 고객에게 올바른 응대를 하지 않은 것은 사실이었지만 억울하고 분한 마음에 그 사실을 인정하고 싶지 않았던 것이다. 실장은 상담원이 올바른 상담을 하기 위해서는 오늘처럼 고객의 감정에 따라 끌려 다녀서는 안된다고 지적하며 따끔하게 주의를 주었다.

그가 텔레마케터로 일한 지 1년쯤 지났을 무렵이었다. 오랫동안 실적부진자로 지내다가 막 일이 잘 풀리기 시작할 때였다. 아마도 자만하는 마음이 있어서 그랬던 모양이었다.

그 사건을 계기로 김 매니저는 지금까지 해왔던 자신의 상담 태도를 돌아보게 됐다. 실수를 솔직하게 인정하지 않았던 어리석음과 함께 자신의 나약함을 들킨 것 같아서 가슴 어딘가가 불에 덴 것처럼 화끈거렸다.

상담원이라면 헤드셋을 끼고 앉아 있는 동안에는 어떤 불만의 소리를 듣더라도 고객의 감정에 끌려가지 않고 자기 중심을 잘 유지해야겠다고 다짐했다. 비록 작은 사건이었지만 그 일을 계기로 상담원이 고객을 어떻게 응대해야 하는가에 대해 많이 느끼고 생각할 수 있었다.

그 일이 있은 후 어느 주말, 김 매니저는 실수로 넘어져서 다치는 바람에 잇몸과 윗입술이 찢어지고 치아까지 흔들리는 사고를 당했다. 장시간 말하기 불편한 상황이었지만 다음 월요일에 헤드셋을 끼자마자 평소처럼 밝고 친절하고 차분하게 통화하려고 신경을 썼다. 헤드셋을 끼고 있을 때만큼은 한결같은 상담원으로 돌아가려고 최선을 다하는 자신을 보고 뿌듯함이 밀려왔다.

악성 고객 대처법, '정중하지만 단호하게'

변성준 매니저(마포CRM센터)는 상품 안내를 하기 위해 전화를 걸다가 술이 많이 취한 남자 고객과 전화가 연결된 적이 있었다. 고객은 전화를 받자마자 자신이 이용하고 있는 통신회사에 대해 불만을 터뜨렸다.

"내가 이놈의 휴대전화 때문에 신용불량자가 됐단 말이야!"

술만 마시면 휴대전화를 부수는 버릇이 있는데 그렇게 해서 못 쓰게 된 휴대전화가 대여섯 대 정도 된다는 것이었다. 고가의 휴대전화를 계속 바꾸다보니 결국 신용불량자가 됐다는 얘기였다. 자신의 이상한 술버릇으로 비롯된 화를 엉뚱한 곳에서 터뜨려대고 있었다. 이야기는 여기서 끝나지 않았다.

"우리 아버지가 누군지 알아?"

"우리 삼촌이 말이야…."

30분이 넘도록 말도 안 되는 횡설수설과 욕설을 듣고 있어야 했다. 통화를 중단해도 되는 상황이었지만 쉼 없이 욕설을 퍼부어대는 상황이라 말을 끊지 못했다. 변성준 매니저는 어떻게든 고객을 진정시켜보려다가 결국엔 자신도 화가 치밀어 올랐다.

황금 같은 업무 시간에 다른 고객에게 전화를 걸었어도 몇 명은 더 걸었을 텐데 술 먹고 아무에게나 욕설을 퍼붓는 악성 고객에게 붙들려 전화를 끊지도 못하는 상황을 맞게 된 것이 너무나 속상했다. 결국 상황을 잘 마무리해서 전화를 끊을 수 있었지만 돌아보니 단호하게 대처하지 못한 자신의 실수도 크다는 걸 깨달았다.

텔레마케터는 친절과 상냥함만으로 모든 상황을 해결할 수 없다. 때로는 '정중하지만 단호한 거절'을 적절하게 표현할 수 있어야 한다는 것을 그 사건을 통해서 배울 수 있었다.

감기 기운에 저지른 돌이킬 수 없는 실수

유소연 매니저(장안TWD센터)는 회사를 다니면서 처음으로 혼자 자취생활을 하게 됐다. 가족 품에서 떨어져 지내다보니 힘든 게 한두 가지가 아니었다. 하루 세 끼 챙겨먹고 청소하고 빨래하는 것도 손에 익지 않아서 힘들었지만, 가장 견디기 힘든 것은 부모님과 떨어져 지내야 한다는 것이었다.

일상의 자잘한 일까지 혼자 헤쳐 나가야 한다는 사실 그 자체만으로도 몹시 의기소침해지고 서글퍼졌다. 그 때문이었는지 입사 후 얼마 되지 않아서 심한 독감을 앓았다. 태어나서 그렇게 지독한 감기는 처음이다 싶은 생각이 들 정도였다.

"상담사 분…, 지금 괜찮으세요?"

상담할 때 목소리가 제대로 나오지 않아서 오히려 전화를 받는 고객이 상태를 물어보며 안쓰러워하는 반응을 보였다. 텔레마케터 일이 아직 익숙하지 않았던 입사 초창기, 컨디션까지 너무 나쁘다보니 어이없는 실수도 많이 저질렀다.

고객이 새로 신청한 휴대전화를 받고 난 이후에 전화가 개통돼야 하는데 전산에서 상태 값을 잘못 입력하는 바람에 고객들의 손에 휴대전화가 들어가기 전에 자동으로 개통이 된 일이 발생한 것이다. 그렇게 되면 고객들은 기존에 사용하던 휴대전화를 쓸 수 없게 되고 아직 새 휴대전화가 도착하지 않아 어떤 연락도 주고 받을 수 없는 상태가 돼버린다.

고객들은 새 휴대전화가 도착할 때까지 중요한 연락을 받지 못한 상태에서 무작정 기다려야 했다. 큰 사업을 하는 고객들 중에는 하루만 전화가 끊겨도 막심한 손해를 입는 사람들도 있었다. 그런데 이런 실수를 한 두 건도 아니고 여러 건 저지르고 말았다.

"아휴, 어떡해요"

잘못했다고 사정을 이야기하면 다음 날 받을 수 있으니 다행이라고 이해하고 넘어가는 고객도 있었다. 하지만 절대 용납할 수 없다며 화를 내는 경우도 많았다.

"사업상 중요한 전화를 받지 못해서 하루 동안 발생하는 손해액이 얼마나 큰지 알아? 예전 휴대전화로라도 통화할 수 있게 지금 당장 돌려놓으라고!"

다른 동료들처럼 위약금이나 요금 숫자를 잘못 안내한 경우라면 금방 금액을 조정하면 되는 일이다. 하지만 고객의 사업에 막대한 손실을 끼칠 만큼 큰 실수를 저지르다보니 어찌할 바를 몰랐다.

울기도 많이 울었다. 전산 클릭 실수 한 번으로 이렇게 심각하고 무서운 일들이 벌어질 수 있다는 걸 피부로 느꼈다. 휴대전화라는 기계에 얼마나 많은 사람들의 중차대한 생계가 연결되어 있는지, 그리고 텔레마케터라는 일이 얼마나 중요하고 무거운 일을 하고 있는지 새삼 깨닫게 되었다.

"영생의 길로 갑시다!" 욕설보다 더 두려운 교회 전도

"통화를 해보니 지금 상담하시는 분, 정말 마음이 따뜻한 분 같아요. 우리 함께 영생의 길로 갑시다."

욕설이나 폭언을 하는 고객이라면 차라리 낫다. 경고를 하고 전화를 끊으면 되니까. 하지만 이렇게 특정 종파의 교회에 나오라고 줄기차게 요구하는 고객을 만날 때면 곤혹스럽기 짝이 없다.

한 텔레마케터는 휴대전화를 구매한 고객이 어느 날부터 시도 때도 없이 전화를 걸어서 교회를 다니라고 전도를 하는 통에 일을 하는데 심각한 방해가 될 지경이었다.

"여기는 영업하는 곳이라서 종교적인 말씀에 대한 답변을 드릴 수 없습니다."

정중하게 거절의 뜻을 밝혔지만 고객은 포기하지 않고 끊임없이 전화를 걸어왔다.

"저도 상담사 분 이야기 듣고 휴대전화를 구입했는데 상담사 분도 제 말 듣고 교회에 다닐 수 있는 것 아니에요?"

고객은 부산에 사는 사람이었는데 서울의 지인을 대신 시켜서라도 전도 전화를 계속 했다. 심지어 개인 휴대전화 번호까지 알려달라고 채근했다.

"회사 규정 상 상담원의 개인 번호를 고객에게 사적으로 알려주는 것은 절대로 안 됩니다."

설명을 해도 막무가내였다. 할 수 없이 실장을 통해 더 이상 전화를 받을 수 없도록 조치를 취했다. 5년 이상 텔레마케터 일을 해오면서 심한 욕설과 폭언을 웬만큼 들어봤지만 그때의 상황만큼 힘든 적이 없었다. 한번 전화를 하면 두 시간 동안 끊지 않으려는 고객 때문에 할 일도 하지 못한 채 붙들려 있어야 했던 게 너무나 답답하고 속상했다.

회사 규정상 욕설이나 폭언을 하는 경우가 아닌 이상 고객의 전화를 끊기는 어려워서 처음에는 어떻게 대응할지 몰라 막막하기만 했다. 고객은 신실한 믿음을 가지고 한 일이지만 애초에 확실하게 자신의 의사를 표현하지 못해서 상황이 더 오래 지속되게 만든 자신의 행동을 되돌아보게 됐다. 아무리 선의에서 나온 행동이라도 그것이 강요되는 순간 다른 이에게는 큰 고통이 될 수 있다는 것을 뒤늦게 깨닫게 됐다.

까탈스럽고 예민한 고객이 진짜 알짜 고객

'이 고객과 통화가 길어지면 오늘 영업은 다 했다….'
이수희 매니저(장안TWD센터)는 고객이 홈페이지를 통해 문의한 내용에 응답 전화를 하려다 잠시 망설였다. 고객의 상담 이력을 자세히 살펴보니 온통 불만, 불만, 불만으로만 적혀 있었기 때문이다.

걱정스러운 마음이 앞섰지만 일단 최대한 밝은 목소리로 전화를 연결했다. 아나나 다를까 전화를 받자마자 우려했던 일이 발생하고 말았다.

"아니, 왜 이렇게 늦게 전화를 하는 거예요?"

고객은 기다렸다는 듯이 불만을 쏟아냈다. 상담 이력에 적힌 내용만큼이나 요구사항이 많고 까다로운 고객이었다. 그래도 웃으면서 차근차근 문의사항을 해결하려고 애썼다. 시간이 많이 걸렸지만 어쨌든 고객이 원하는 것을 들어줬기 때문에 기분 좋게 통화를 종료할 수 있었다.

그날 이후 그 고객은 무슨 일만 생기면 이수희 매니저를 찾는다. 그녀가 예약된 다른 통화들이 넘쳐서 통화하기 어려운 경우에는 하루 종일을 기다려서라도 이수희 매니저와 통화를 하겠다고 고집을 부렸다.

또한 주변 사람들이 새로운 휴대전화를 필요로 할 때마다 이 매니저를 통해서 가입하고 있다. 고객의 딸과 아들, 어머니와 아버지 휴대전화 모두 이 매니저의 고객이 됐다.

까다롭고 예민한 고객들은 응대하기 힘들지만 최선을 다해 문제를 해결하고 기분을 풀어주면 그만큼 따뜻하고 든든한 지원군이 된다. 자주 불만을 토로하는 고객은 다시 생각해보면 그만큼 만족할 방법을 찾으려는 의지가 강한 사람이기 때문이다. 그런 의지에 제대로 응답을 할 수 있다면 더없이 소통이 잘되는 또 한 명의 훌륭한 충성 고객 만나게 되는 것이다.

얼굴 달아오르게 했던 '영혼 없는 상담'

홍석천 매니저(장안TWD센터)는 평소 말투가 무뚝뚝한 편이다. 일반적으로 볼 수 있는 상냥한 텔레마케터와 말투와는 거리가 멀다. 그래서 언뜻 보면 성의 없게 상담을 한다고 오해를 받는 경우도 많다.

그날도 중년 남자 고객과 통화를 하면서 자기도 모르게 평소 지인들과 통화하듯이 툭툭 내뱉듯이 말을 했던 모양이었다. 순간 고객이 화난 목소리로 언성을 높였다.

"당신 상담하는 사람 아냐? 상담하는 태도가 왜 그래? 상담원 교육을 어떻게 한 거야? 당신 상사 바꿔 봐!"

홍 매니저도 물러서지 않았다. 무례하게 말을 한 것도 아니고 말실수를 한 것도 아니었다. 단지 조금 상냥하지 못한 정도였는데 그렇게까지 욕을 먹는 게 억울했다. 그러다 서로 목소리가 높아져서 통화가 실장에게까지 넘어가게 됐다. 결국 실장의 사과와 중재로 다시 고객과 통화를 하게 됐으며 정중하게 사과하고 갈등을 일단락 지을 수 있었다.

'그날 도대체 무슨 일이 있었던 것일까?'

홍석천 매니저는 일을 마치고 나서 곰곰이 생각해봤다. 그날 무뚝뚝하게 상담을 했던 데는 다 이유가 있었다. 어차피 이 사람은 가입 유치가 되지 않을 거라는 섣부른 판단을 내려버린 것이었다. 그런 상황에서 자신도 모르게 무성의한 태도가 나왔다.

텔레마케터 일을 하다보면 세상에는 별의별 성격과 취향을 가진 다양한 사람들이 살고 있다는 것을 새삼 느끼게 된다. 왜 고객들은 사소한 말투 하나 때문에 그렇게 화를 낼까 하는 생각이 들기도 하지만 뒤집어보면 고객 입장에서 상담원에게 상냥한 말투를 요구하는 것 역시 그리 대단한 요구사항도 아닐 것이다. 그런 일을 겪으면서 홍 매니저는 자신이 평소 주변 사람들에게 어떻게 말하고 있는지 돌아보게 됐다. 문득 얼마 전 어머니와 통화했던 내용이 떠올랐다.

"이거 이메일 어떻게 보내는 거니?"

"내가 지금 그걸 볼 수 없는데 어떻게 알아요."

나이 든 고객이 전화를 해서 문의를 하면 아무리 귀찮고 시간이 오래 걸려도 하나에서 열까지 차근차근 다 설명을 하면서 막상 자신과 가장 가까운 가족에게는 퉁명스럽게 반응했던 모습이 떠올라 한없이 부끄러운 마음이 들었다.

전화로 맺은 행복한 인연

휴가 돌아올 때까지 기다리는 충성 고객

"구혜림 상담원 좀 바꿔주세요."

"무슨 일로 전화하셨는데요?"

"그냥 구혜림 상담원 좀 바꿔주세요."

고객센터에 전화가 걸려오면 무슨 사유로 전화를 했는지 확인하고 일정한 상담 프로세스를 거쳐서 상담원과 연결된다. 울산에 사는 이 여성 고객은 고객센터로 전화를 해서 용건이나 이유도 밝히지 않고 무조건 구혜림 매니저와 통화하고 싶다고 요청을 하곤 한다.

다른 상담원은 안 되고 꼭 구혜림 매니저와 이야기를 해야 궁금한 게 말끔하게 풀린다는 이유 때문이다. 구 매니저가 다른 고객들과의 통화가 밀려 있는 상황이면 한나절을 오롯이 기다리는 충성 고객이다.

한번은 구 매니저가 여름휴가를 간 사이에 이 울산 고객이 상담 전화를 했다. 고객은 구 매니저가 휴가 중이라는 사실을 듣고는 다른 상담원과 통화하지 않고 구 매니저가 휴가를 마치고 돌아올 때까지 기다렸다가 통화를 해서 필요한 문제를 해결했을 정도다.

이 고객이 구 매니저와 특별한 전화 인연을 이어가게 된 계기는 한때 폭발 우려로 문제가 됐던 노트7 휴대전화 교환 건 때문이었다. 다른 고객들과 마찬가지로 이 고객도 새 휴대전화로 교환을 했지만, 얼마 지나지 않아 교환한 휴대전화에 문제가 생겼다. 재 교환을 하는 과정에서 구혜림 매니저와 자주 통화를 하게 됐는데 또래의 여성이어서 그랬는지 서로 비슷하게 느끼는 공통의 관심사가 많아서 편함을 느꼈다.

고객은 자신의 이야기를 다른 사람들에게 잘하지 않는 편이었는데 이상하게도 구혜림 매니저와 통화를 하면 마음이 풀어져서 상담하는 사이사이 자신의 집안일이나 배우자 이야기를 간간히 들려줬다.

"가까이 살면서 친구로 지내면 정말 좋겠어요. 언제든 울산에 한번 꼭 놀러오세요."

고객은 구 매니저에게 따뜻한 마음이 가득 담긴 말을 건넸다. 그동안 이 고객과 통화하면서 직접적으로 칭찬을 받은 적은 없었다. 하지만, 누군가로부터 자신이 진정으로 소통하고 공감하는 상담원으로 인정받고 있다는 자체만으로도 최고의 찬사를 이미 들은 것이나 마찬가지라는 생각이 들었다. 유난히 특별한 인연을 가진 고객이다.

고객님은 영업맨!

김준형 매니저(마포CRM센터)의 고객 중에는 부동산중개업에 종사하는 고객이 한 명 있다. 인터넷과 인터넷TV 설치를 도와주느라 알게 됐는데 이후에 요금이 잘못된 것 같다면서 확인 차 전화를 하면서 자주 통화를 하게 됐다.

고객은 이해가 잘되지 않아서인지 짜증이 섞인 목소리로 전화를 할 때가 많았다. 대개의 경우 요금 문제는 한두 번의 재통화로 마무리되는데 이 고객은 이해가 되지 않으면 끝까지 묻고 따져서라도 납득을 해야 하는 성격이어서 상담이 쉽게 마무리되지 못했다. 요금 관련 문의로 두 달 동안이나 지속적으로 통화를 했을 정도다.

김준형 매니저는 그 고객의 문의와 불만을 일일이 풀어주느라 꽤나 지쳐 있었다. 그러던 어느 날 또 고객으로부터 전화가 걸려왔다.

'또 무슨 문제일까? 이번에는 또 어떤 것이 이해되지 않을 것일까?'

고객과 지루한 상담을 할 생각에 전화를 받기 전부터 기운이 쭉 빠졌다. 하지만 예상과 달리 이번에는 문의를 위한 전화가 아니었다.

"까다로운 저를 이해시켜주느라 고생이 많았습니다. 고객 한 사람 소개시켜드리려고요."

　집을 구하기 위해 부동산중개소를 찾았던 신혼부부를 새로운 고객으로 연결시켜 준 것이었다. 그 후로도 이 고객은 부동산중개소에서 계약을 맺는 새로운 고객이 생기면 그때마다 김준형 매니저에게 인터넷과 인터넷 TV 신규 가입자를 연결시켜줬다. 그렇게 소개받은 고객이 꽤나 많다.

　꼼꼼한 성향을 가진 고객을 만족시키기는 매우 힘들다. 하지만 이런 성향의 사람들은 한번 제대로 마음을 풀어주면 그보다 더 열성적인 고객이 없구나 할 정도로 충성스러운 고객이 된다.

　김 매니저는 그 후로 불만고객의 목소리 뒤에 어딘가 숨어 있을지도 모를 인간적인 따스함을 떠올리며 고객의 찌푸린 마음을 말끔히 풀어주고, 한 번 더 생각하고 한 번 더 알아보려고 노력하게 됐다.

88번 누르라는 안내에 여든 여덟 번 버튼 눌러

　"누군가 음성 메시지를 남겼는데, 이걸 어떻게 확인해야 합니까?"

　김준형 매니저는 언젠가 연세가 많은 어르신 고객과 통화를 한 적이 있다. 휴대전화에 남겨진 음성 메시지를 확인할 줄 몰라서 문의를 해 온 참이었다.

"별표와 88번을 누르면 됩니다."

그러고 한나절이 지났을까? 그 고객은 다시 전화를 걸어와 엄청나게 역정을 냈다. 왜 그런가하고 사정을 알아보니 이유가 있었다.

"상담원 말대로 별표를 여든여덟 번이나 눌렀는데도 도무지 음성 메시지가 나오지 않잖아!"

어르신은 분노를 쏟아냈다. 젊은 사람들이 보기에는 아주 간단한 동작일 뿐이겠지만 휴대전화가 익숙하지 않은 어르신들은 제대로 하나하나 설명을 해주지 않으면 이해하기 힘들 수도 있겠다는 생각이 들어서 다시 찬찬히 답변을 해드렸다.

"별표를 누르고 숫자 8을 두 번 연속으로 누르세요."

그 일을 계기로 나이 많은 어르신들에게는 휴대전화라는 기계가 결코 쉽지 않을 수도 있다는 걸 깨달았다. 그래서 어르신과 통화할 때는 처음부터 끝까지 다 이해했는지 확인하면서 차근차근 설명을 하고 있다. 또 'IPTV'나 '결합'처럼 어르신들에게 어려울 수 있는 용어보다는 일상에서 자주 쓰는 쉽고 단순한 용어로 설명하려고 노력하고 있다.

5만 원보다 비싼 남자의 의리

어느 날 남자 경찰관 고객을 가입유치하고 설치까지 진행됐는데 불만 건으로 전화를 걸어왔다. 방금 경찰관의 아내분이 대리점에 갔는데 거기는 사은품으로 상품권 5만 원을 더 얹어준다고 했다며 이게 어떻게 된 거냐고 따졌다. 그러자 상담원이 바로 물었다.

"고객님, 저와의 신뢰가 5만 원도 안 됩니까?"

그러자 고객은 의외로 선선하게 나왔다.

"5만 원은 되지. 남자는 의리지. 이대로 잘 쓰겠습니다."

몇 백 원의 요금안내가 잘못되어 분개하여 칼 들고 회사로 쫓아오겠다고 하는 고객이 있는 반면에 상담원의 재치 있는 말 한 마디에 다 괜찮다고 무사통과를 외치는 통 큰 고객도 있다. 세상엔 참 별의별 다양한 사람들이 다 있다.

TV에서 보던 유명 가수와 상담을!

김용진 매니저(마포CRM센터)는 평소와 다름없이 어느 남자 고객과 전화가 연결돼 상담을 시작했고 다행스럽게 상담이 잘 진행되어 가입신청까지 이르게 됐다. 고객은 세 명의 가족들 휴대전화 번호를 묶어서 가족할인을 받는 상품에 가입하기로 했다. 그런데 가입을 위한 고객 정보를 확인하던 중 어디선가 들어본 익숙한 이름이 들려왔다. 바로, TV에 자주 나오는 이름이었다. 각자 따로 활동은 하고 있지만 쌍둥이 남자 가수로 유명

한 H와 통화를 하고 있는 것이었다. 텔레마케터 일을 하다보면 생각지 않게 저명한 사회적 인사나 유명 연예인과 통화를 하게 될 때가 있다. 무척이나 신기하고 유쾌한 경험이다.

주민 8명 한꺼번에 가입시켜

이규환 매니저(마포CRM센터)에게는 어느 아파트 동 대표를 맡고 있는 고객이 있었다. 이 고객은 이규환 매니저의 상담이 무척이나 만족스럽다고 하더니 상담이 끝나고 얼마 후 같은 아파트 지인을 하루에 8명이나 가입 주선을 해주었다. 한 달 동안 올려야 할 실적의 많은 부분을 하루 만에 달성해서 너무 감사해서 어쩔 줄 몰라 하며 감사의 마음을 전했다.

오히려 고객은 제대로 일 잘하는 사람에게 좋은 일이 많이 생기는 게 당연하다고, 그렇게 고마워할 필요가 없다고 해서 더 가슴이 뭉클했다고 한다. 고객이 사는 곳으로 찾아가 큰 절이라도 올리고 싶은 마음이다.

이 매니저에게 매우 특별한 고객 중 또 한 사람은 바로 아버지다. 이 매니저는 처음 회사에 입사한 후 상품과 서비스를 제대로 공부해야겠다는 생각에서 집에서 쓰던 인터넷과 인터넷TV를 하나씩 바꾸어 보기로 했다.

서비스를 신청하고 기사가 와서 설치를 하려는데 아버지가 극구 반대를 했다. 집 구조상 인터넷 선으로부터 TV와 컴퓨터까지의 연결이 너무 멀어서 선이 보기 싫게 노출되어야 했기 때문이다. 아들이 회사 상품을 공부하겠다고 설치를 하는 건데 아버지는 선 노출이 보기 흉해서 불편하다고 기사를 돌려보냈다. 그 이야기를 듣고 정말 난감하기 짝이 없었다.

인터넷과 인터넷TV 영업을 하는 아들을 둔 아버지가 이렇게 이해하지 못하는 일이라면 다른 고객들은 그동안 선 노출이라는 불편한 상황을 어떻게 받아들였을까하는 생각이 들었다. 그래서 아버지에게도 일반 고객들에게 상품 설명을 하듯이 안내해 보았다. 아까 돌려보낸 상품으로 설치를 하게 되면 한 달에 2만 원씩 절약되고, 3년이면 72만 원이 쌓이게 되는데 그 정도면 간단한 인테리어 비용은 나오지 않겠느냐고 제안했다. 기사가 선을 뚫고 깔끔하게 몰딩 작업해드릴 건데 어떠냐고 여쭀다. 그제야 아버지는 기사를 다시 오게 하라고 허락을 하셨다.

그 일을 계기로 자신이 판매하고 있는 서비스가 어떤 건지 제대로 살펴볼 수 있는 기회가 됐다. 또한 선 노출 불만이라는 문제적 상황에 대하여 고객들이 얼마나 불편해하는지 구체적으로 알게 됐고, 그런 상황은 어떻게 설득하고 대처해야 하는지에 대해 산 경험을 얻었다.

고객의 마음이 들려오는 듯한 순간

이재원 매니저(마포CRM센터)는 어느 여성 고객과 통화를 하던 중

고객의 마음이 들리는 듯한 신기한 경험을 한 적이 있었다. 초등학교 3학년 자녀를 둔 고객이었다. 평소 낯선 번호의 전화를 받지 않는 편이라면서 몹시 방어적인 반응을 보였다.

"TV는 안 보니까 셋톱박스는 필요 없고 인터넷만 설치해주세요."

이재원 매니저는 셋톱박스 설치의 장점에 대해서 여러 차례 설명을 했지만 소용이 없었다. 셋톱박스의 잠금 기능을 활용하면 자녀들의 경우도 부모가 정해 놓은 시간만 TV를 볼 수 있다는 설명까지 해주었지만 여전히 새로운 상품을 거부했다.

평생 셋톱박스를 설치하지 않을 것인지, 나중에 자녀가 사춘기 중학생이 돼도 셋톱박스를 설치하지 않을 건지, 중학생이 됐을 때 셋톱박스를 설치했는데 그때도 자녀들에게 TV를 못 보게 할 수 있을지, 아예 처음부터 조금씩 TV를 보게 하는 게 낫지 않겠는지 물어봤다. 그래도 여전히 고객은 TV 상품에 대해서 관심을 보이지 않았다.

그러다 문득 고객이 어떤 마음으로 계속 거부를 하는 건지 딱 느낌이 왔다.

"자녀분이 초등학교 3학년인데 요즘 아이들 만나면 무슨 이야기할 것 같으세요?"

아이들에게 무조건 밖에 나가서 뛰어 놀라고 한다고 하지만 전날 본 TV 프로그램이나 애니메이션 이야기들을 자주할 텐데 또래 친구들과 소통할 수 있는 기회를 주는 것도 좋지 않겠냐고 설명을 했더니 순간 고객이 거부의 말을 하지 않고 침묵했다.

동의와 공감의 침묵이었다. 고객이 가장 걱정스러워했던 것 중 하나가 바로 늦둥이인 아이가 다른 아이들에 비해 뒤처지면 어쩌나 하는 것이었다. 그 때문에 아이 교육에 대해서도 더 많이 신경을 썼던 모양이다.

고객이 아이를 얼마나 아끼고 사랑하는지 문득 그 마음이 오롯이 느껴졌다. 그래서 아이가 친구들과 잘 지내면서 밝게 지냈으면 좋겠다는 생각에서 고객에게 한 말이었다.

순간적으로 떠올라서 했던 말이지만, 그때 고객의 거절에 대해서 반론을 하면서 머릿속이 후련해지는 느낌까지 들었다. 마치 소리꾼이 '득음'을 한 것처럼 새로운 경지에 들어 고객의 마음이 들려오는 듯 했다. 이런 게 바로 이심전심일까 싶은 특별한 순간이었다.

"실수도 하고 사는 것", 고객의 응원과 격려에 안도

강성경 매니저(마포CRM센터)는 신입교육을 받고 얼마 되지 않았을 때 어느 중년의 여성고객에게 요금을 완전히 잘못 알려주는 큰 실수를 저질렀다. 고객이 휴대전화 요금을 바꾸면 약정기간이 있어서 그걸 어길 경우 요금이 인상된다는 걸 미처 알지 못했던 것이다.

3년의 인터넷 약정기간과 연동되어 있는 휴대전화 요금제를 쓰고 있었는데, 그걸 모른 채 고객의 요금을 바꿔버린 것이었다. 3년의 기간으로 보면 엄청나게 많은 요금을 물어야 할 상황이 됐다. 고객이 요금제를 바꾸고 한 달 뒤에 청구서를 받고는 어떻게 된 거냐고 하며 노발대발했다.

강성경 매니저는 자신의 실수를 인정하고 솔직하게 말했다. 사실 신입사원이어서 요금체계를 이해하지 못해서 실수를 했다고 사과했다. 고객은 화가 나긴 했지만 그래도 인터넷 TV는 잘 나오고 있다면서 아무튼 해결방법이 없겠냐고 물었다.

현재 같은 회사 휴대전화 요금을 쓰는 가족이 두 명밖에 묶여 있지 않아서 그런 거니까 한 사람을 추가해서 묶으면 해결된다고 설명을 했다. 그 말을 듣고 고객은 그럴 수 있는 가족이 있는지 찾아보겠다고 하고는 전화를 끊었다.

얼마 후 전화가 왔다. 가까운 가족 중에서 찾기가 힘들었다고 했다. 친정 가족 중에도 같은 요금제에 묶을 만한 마땅한 사람이 없어서 온 친척들을 수소문해서 알아봤더니 남편의 형제 네 명 중 두 번째 동생인 시아주버니가 가능하다고 했다면서 그 사람과 묶으면 해결될 수 있느냐고 물었다.

강성경 매니저는 고객의 적극적인 해결 덕분에 살아난 기분이 들었다. 자신의 실수 때문에 고객에게 괜한 금전적 손실을 안겨줄 뻔했는데, 어쨌든 해결 방법을 찾을 수 있어서 너무나 다행이었고 감사했다. 고객은 괜찮다고, 사람이 그렇게 실수도 하면서 사는 거라고 하더니 앞으로 열심히 일하라고 오히려 격려를 해줬다.

　한동안 서비스직 노동자들이 감내해야 하는 감정노동이 사회적 문제가 되면서 서비스를 이용하는 고객들의 자성의 목소리도 높아졌다. 그래서인지 요즘 현장에서 일하는 텔레마케터들은 달라진 사회적 공기를 실감하고 있다고 한다. 냉랭하고 무뚝뚝한 거절을 보이던 고객들이 예전보다 상냥하고 부드럽게 반응을 보이는 경우가 점점 늘어나고 있으며 텔레마케터가 큰 실수를 했더라도 넉넉한 마음으로 이해하고 응원까지 얹어 보내는 고객들이 꽤 많아졌다고 한다.

달라진 나의 삶, 나의 인생

서비스직 사람 대하는 태도 달라져

구혜림 매니저(장안TWD센터)는 백화점에 근무할 때만 해도 휴일이면 무조건 집에서 쉬었다고 한다. 일주일에 쉬는 날이 단 하루밖에 없는데 그 유일한 날에 어딜 나가 돌아다니면 다음 일주일의 컨디션이 내내 바닥이어서 도무지 가족이나 친구들과의 시간을 가질 수가 없었다.

하지만 이제는 평일에만 일하고 출퇴근 시간도 정해져 있어서 저녁이 있고 주말이 있는 삶을 살 수 있어서 만족스럽다. 영화 보는 걸 워낙 좋아하지만 예전에는 시간이 도무지 나지 않아서 극장에 가기도 어려웠는데 이제는 친구들과 약속 정해서 마음껏 다닐 수 있어서 행복하다. 가족 외식이나 친구들과 모임도 평일 저녁이든, 주말에도 언제든 시간을 낼 수 있어서 기쁘다고 한다.

오래 전부터 구혜림 매니저에겐 이상한 징크스가 있었는데 친구들과 식당에서 식사를 할 때면 머리카락이 꼭 자기가 먹는 음식에서 나왔다. 예전 같으면 머리카락이 나왔다고 식당 주인에게 말을 했을 텐데 요즘에는 머리카락 정도는 빼고 먹는다.

자신이 서비스직에서 일하게 되면서, 사람을 대하는 것이 얼마나 힘들고 어려운 일인지 잘 알고 있기 때문에 사소한 실수 같은 건 그냥 넘어가버린다. 조금이라도 일하는 사람들의 마음을 다치게 하는 진상 고객이 되고 싶지 않아서다. 그런 점은 그녀의 부모님도 달라진 부분이다. 예전에는 식당이나 판매점 같은 데 가서 직원이 실수하면 지적을 하셨던 분들이었는데, 이제는 우리 딸도 서비스직에서 일하니까 웬만한 문제는 관대하게 이해하고 넘어가시게 됐다고 한다.

낯가림 심하던 숙맥, 요즘은 말 잘한다는 칭찬까지

유소연 매니저(장안TWD센터)는 입사 전만 해도 낯가림이 워낙 심해서 모임에서 누군가 자신을 반기지 않는다고 오해를 할 만큼 눈을 못 마주치고 말수가 적었다. 자신이 하는 일이 낯선 사람과 이야기를 나누는 게 거의 전부이다시피 하니까 이제는 그런 두려움이 많이 사라졌다.

대인관계가 크게 달라지지 않았다고 해도 처음 보는 사람일지라도 먼저 말을 붙이고 대화도 먼저 이끌어 갈 수 있을 만큼 외향성과 적극성이 늘어났다.

예전에는 말수가 워낙 적어서 언변도 좋은 편이 아니었다. 고객에게 먼저 전화를 걸어서 상품을 안내하고 구입하도록 설득하는 아웃바운드 텔레마케터를 하는 동안 자연스레 말솜씨도 늘어났다.

입사 전에는 어떤 이유 때문에 시작된 말이 다른 결론으로 튀는 식으로 논리도 없이 중구난방으로 끝났다면 요즘에는 제법 이야기를 이끌어가고 조리를 갖춘 식으로 말하는 능력이 늘었다. 가족들이나 친구들로부터 전보다 말을 훨씬 잘한다는 칭찬도 곧잘 듣게 되었다.

학자금 융자 다 갚고 부모님 전세 보증금까지 마련

이상현 매니저(마포CRM센터)는 회사를 다니면서 두 군데의 대학을 다니느라 대출받았던 학자금을 상환할 수 있어서 몹시 기뻤다. 처음에 들어간 대학의 학과 석성이 도무지 자신에게 맞지 않는 것 같아서 군대 후 다시 공부해서 또 다른 학교를 들어갔다. 그러다보니 다른 사람들보다 학자융자금이 많았다.

취업준비를 하면서도 저렇게 많은 돈을 어떻게 갚아야할지 막막하고 답답했는데, 회사에서 일한 지 얼마 되지 않아 다행히 모두 갚을 수 있었다. 홀가분한 마음으로 이제는 조금 더 밝은 미래를 계획해 볼 수 있어서 기쁘다. 학자융자금을 다 갚고서는 부모님과 함께 사는 집에 전세보증금을 마련해 드릴 수 있었다. 그때 기뻐하시는 부모님의 모습이 너무 뭉클하고 감동적이어서 가끔씩 그 모습을 떠올리며 회사에서 일할 때 기운을 낸다.

어머니께서는 요즘 이모들에게 효도 잘하는 아들 자랑을 하느라 신이 났다. 쑥스럽다고 만류해도 그런 자랑을 할 수 있는 게 유쾌하신 모양이다. 입사하고 난 후 첫 겨울, 친척집마다 귤 한 박스를 사서 돌렸더니 매해 겨울마다 "아들, 그때 귤 맛있었는데 이번 겨울에는 없냐"고 넌지시 농담을 던진다. 유쾌하게 어머니의 궁금증을 받아서 친척들에게 귤을 한 박스씩 보내면 어머니는 친척들에게 일일이 안부차 전화했다면서 귤 맛있지 않느냐고, 우리 아들이 보낸 거라고 자랑하며 어깨를 으쓱한다. 텔레마케터 일을 하게 되면서 빚만 지던 사람이 이제는 주변 사람들에게 즐거움과 보탬을 주는 사람이 될 수 있어서 더 없이 행복하다고 한다.

취미생활 마음껏 즐기고, 부모님 용돈도 넉넉하게

진태민 매니저(마포CRM센터)는 피규어 장난감을 모으는 것이 취미다. 워낙 피규어를 좋아해서 중학생 시절부터 갖고 싶은 피규어를 사기 위해 다양한 아르바이트를 섭렵했다. 입사 직후 고전을 면치 못했지만 일에 적응을 하고 나서는 실적이 쑥쑥 올라가 사고 싶은 피규어를 얼마든지 장만할 수 있게 되었다.

요즘 전셋집을 장만하기 위한 새로운 꿈이 생겨 피규어 수집을 조금 자제하고 있지만 이미 자신의 방 장식장에 진열되어 있는 피규어들만 수천만 원대에 달한다. 그 피규어들을 매일 바라보는 것이 일상의 큰 기쁨이기도 하다.

예전 다른 직장에 다닐 때는 월급이 적어서 부모님이 용돈 필요하다고 하면 굉장히 부담스러웠지만 요즘은 부모님이 용돈 필요하다는 눈치를 조금만 주어도 망설임 없이 마음 편히 드릴 수 있게 되어 행복하고 흐뭇하다.

텔레마케터로 일하면서 성격도 많이 바뀌었다. 예전에는 모든 것이 다 싫고 불만만 가득했었다. 옆에서 누가 조금만 싫은 소리 하면 굉장히 날카롭게 반응을 보였다. 하지만 요즘엔 금전적으로, 심리적으로 많이 여유가 생겨서인지 예전보다 훨씬 부드럽고 친절해졌다.

난 뭘 해도 잘되는 사람

'회사는 잘 다닐 수 있을까?'
'모르는 사람들 사이에서 잘 적응할 수 있을까?'

강성경 매니저(마포CRM센터)는 텔레마케터로 첫 회사 생활을 시작하면서 걱정이 많았다. 물론 입사 이전에도 동대문 옷가게 직원이나 여성의류 인터넷 쇼핑몰 운영자 등을 경험해봤지만, 회사라는 큰 조직에서 단체생활을 한 것은 이번이 처음이었기 때문이다.

하지만 다행스럽게도 걱정과 달리 첫 회사생활을 잘해내고 있는 것 같아서 자신감도 높아졌다. 이른 나이에 부실장으로 진급했고 또래 친구들 보다 급여 수준도 훨씬 높아 삶 전반의 질이 높아진 점도 만족스럽다.

예전에는 개인적인 모임에 나가야할 때면 비용 때문이라도 선뜻 몸이 움직이지 않았다. 하지만 요즘에는 풍족해진 경제적 상황 덕분에 어느 모임이든 망설이지 않고 갈 수 있게 됐다. 대인관계의 폭도 넓어졌다. 예전에는 수동적으로 남들이 하자는 대로 따라가는 편이었지만, 지금은 이벤트나 단체여행을 먼저 제안할 만큼 적극적인 성향으로 바뀌었다. 모임에서 총무를 뽑아야 하면 자신이 하겠다고 먼저 나설 정도다.

평소에도 뭔가 해야 하거나, 어디 가야겠다는 생각이 들면 미루거나 꾸물거리지 않고 곧장 시도하는, 추진력과 실행력이 생겼다. 처음에 염려했던 것보다 회사생활을 잘 적응하면서 얻게 된 자신감 덕분에 긍정적인 에너지가 높아졌다. '나는 무얼 해도 잘되는 사람', '잘할 수 있는 사람'이라는 믿음이 스스로에게 생겨난 것 같아서 자신을 믿는 마음이 한층 커졌다고 한다.

chapter 4

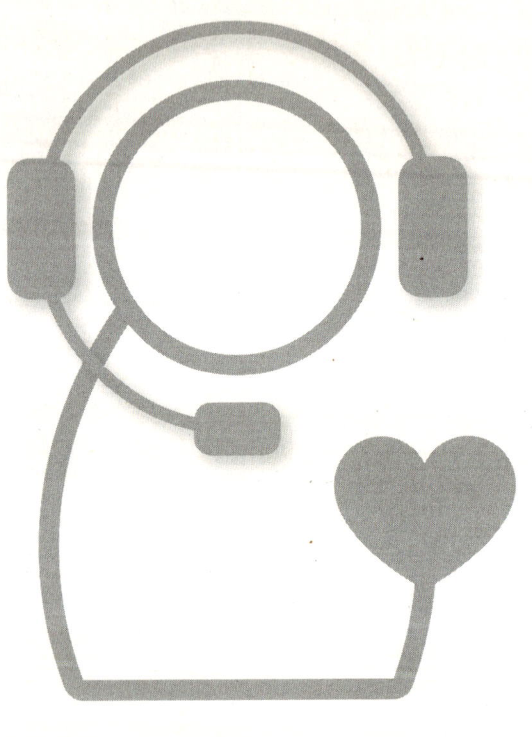

텔레마케터,
그 특별한 세계

때론 근사하고, 때론 특별한 텔레마케터의 '직업병'

'능력자' 텔레마케터들의 '영업 비밀'

일하는 엄마, 행복한 가족들

특명! 텔레마케터를 보호하라

때론 근사하고, 때론 특별한
텔레마케터의 '직업병'

열심히 하는 사람들만 가질 수 있는 '훈장'

텔레마케터는 출근해서부터 퇴근할 때까지 전화를 한다. 귀와 입이 쉴 틈이 없다. 책상에 앉은 자세로 통화상대만 바뀔 뿐, 수시로 물을 홀짝이며 같은 자세로 같은 이야기를 끝없이 되풀이한다.

관련 직무를 수행하기 위한 특수한 조건에 오래 노출되면 생기는 병을 '직업병'이라고 한다. 텔레마케터들도 장시간 반복적으로 전화 상담을 수행하다 특수한 질환이나 증상, 혹은 습관을 잊게 되는 경우가 많다.

2008년 국가인권위원회가 발표한 '텔레마케터 인권상황 실태보고서'에 따르면 응답자 93.2%가 콜센터 업무 수행과 관련한 스트레스와 직무소진으로 인한 질병이나 질환을 앓고 있는 것으로 나타났다.

관련 질병으로는 호흡기 질환이 54%로 가장 많았다. 하루 종일 고객과 대화를 하느라 목소리를 많이 써야 하는 직업적 특성 때문으로 보인다. 그 다음으로 두통 44%, 시력약화 37%, 귓병 33%, 근육통 32%의 순으로 나타났다.

응답자들이 꼽은 업무상 직업병의 원인으로는 고객응대 스트레스가 66%, 상품판매 등 실적평가 38%, 불편한 자세 26%, 휴식시간 부족 25%, 관리자 감시에 대한 예민함 18% 순으로 나타났다.

직업병은 직업을 그만 두지 않는 이상 병원을 다녀도 뾰족한 방법이 없다고 한다. 게으름 피우며 대충 일하는 사람에게는 잘 나타나지 않고, 열심히 일하는 사람에게 증상이나 습관이 심화되는 경우가 많다. 그래서 직업병은 어떻게 보면 일종의 직업적인 훈장 같은 것이라고 긍정적으로 이야기할 수 있다. 현장에서 일하는 텔레마케터들은 어떤 직업병을 앓고 있는지, 이에 대하여 어떻게 대처하고 자기관리를 하고 있는지에 대한 사례들을 들어본다.

서비스 받을 때조차 상냥하게

강성경 매니저(마포CRM센터)는 어느 날 집에 있는 에어컨이 고장이 나서 수리를 위해 고객센터에 전화를 걸었다. 자신이 고객 입장으로 전화를 걸었음에도 불구하고 마치 상담원처럼 말하고 있다는 걸 깨닫고 화들짝 놀랐다. 상담원에게 에어컨이 작동되지 않아서 전화했다고 말하는 게 아니라 자신이 상담원인 것처럼 최대한 친절하고 상냥하게 에어컨 고장에 대해 설명하고 있었다.

드디어 자신도 언제 어디서나 누구에게나 상담원처럼 친절하고 상냥하게 말하는, 텔레마케터 직업병에 걸렸다는 것을 깨달았다. 그런데 한 번 더 생각해보니까 소비자 입장에서 상냥하게 말하는 게 옳은 것이었다. AS센터의 상담원도 고객의 친절한 말 한마디에 그날 하루가 얼마나 즐겁고 기운이 났을까. 언제 어디서 누구에게나 친절하게 말하는, 텔레마케터 직업병이 꽤 근사한 거구나 싶었다.

<hr>

길 가는 사람 붙잡고 '고객님~' 할 뻔도

김태훈 매니저(장안TWD센터)는 텔레마케터가 되고 나서부터 누군가를 만나면 그 사람의 휴대전화부터 보는 습관이 생겼다. 어떤 상품의 휴대전화인지, 얼마를 주고 구입했고 무슨 요금제를 쓰고 있는지를 꼭 확인해야 직성이 풀린다.

길을 걷다가도, 버스에서든, 지하철에서든, 음식점에서든 시간과 장소를 가리지 않고 그의 눈은 휴대전화를 향해 있다. 잘 모르는 사람에게까지 '고객님'이라고 하면서 다가가 휴대전화에 대해 물어볼까 싶어서 걱정이 될 정도였다.

통신 상품을 판매하는 텔레마케터니까 직업적으로 관심이 높은 건 당연하지만, 어떨 땐 세상이 휴대전화를 중심으로 돌아가고 있기라도 한 것처럼 휴대전화라는 물건에 지나치게 몰입해 있는 자신을 발견한다.

다른 상담원들이 목이 아프고, 귀가 아픈 식으로 나타나는 텔레마케터 직업병이 자신에게 이렇게 시작된 건가 싶기도 했다. 한편으로 그만큼 자신의 일에 흥미와 재미를 갖고 있다는 뜻이기도 하므로, 한동안은 호기심 충만한 자신만의 특이한 직업병을 즐겨야겠다 싶은 생각이 들었다.

목소리가 재산, 퇴근 후 맞는 고요한 일상

유소연 매니저(장안TWD센터)는 신입 상담원이 통과의례처럼 겪기 마련인 성대결절을 혹독하게 앓았다. 평소 성격이 조용한 편이라 목소리 낼 일이 많은 편이 아니었다. 그랬기 때문에 사람에게 목소리라는 것이 생계를 좌우할 만큼이나 중요한 건지 몰랐다.

처음 후두염이 시작됐을 때만 해도 좀 쉬면 곧 나아지겠지 생각했다. 그녀의 목소리를 듣던 고객들이 상담이 문제가 아니라며 얼른 병원에 가라고 할 정도로 상황이 심각해졌다. 어떻게 해도 도무지 목소리가 나오지 않아

　내 꿈은 오늘도 통화 중

울고 싶은 심정이 들 때가 한두 번이 아니었다. 오죽했으면 차라리 다리가 부러지는 게 나을 것 같았다. 상담은 계속 해야 하는데 병원에서 목을 쓰지 않고서는 증상이 낫지 않을 거라는 난감한 조언을 들어야 했다.

목에 좋다는 건 다 해봤다. 주변의 텔레마케터들에게 목 관리하는 법을 배웠다. 수시로 물을 마셔서 목이 건조해지지 않도록 했고, 항상 목을 따뜻하게 보호하려고 했고, 더운 날씨에 찬바람 쐬고 싶어도 참았고, 일하는 시간 외에는 목소리를 쓰지 않았다. 그렇게 해서 한 달 만에 성대결절이 완쾌되어 예전의 목소리를 되찾을 수 있었다.

예전에는 친구들과 시끌벅적한 곳에서 만나는 걸 재미있어 했지만, 이제는 목소리를 높이지 않아도 되는 조용한 곳만 찾아다니게 됐다. 친구와 한두 시간씩 오래 통화하는 것도 좋아했지만 이제는 목 건강을 생각해서 퇴근 후에는 웬만하면 목소리를 쓰지 않으려고 한다. 그것이 직업상 무엇보다도 목소리가 중요한 텔레마케터가 되면서 달라진 일상의 풍경이다. 조금 더 조용한 일상을 사는, 고요한 사람이 되었다.

여자 친구 어머니도 반하게 만든 살가운 목소리

이재원 매니저(마포CRM센터)는 여자 친구와 통화하는 횟수보다 그녀의 어머니와 더 자주 통화를 할 만큼 살갑게 지낸다. 텔레마케터로 일하게 되면서 예전에는 보통의 남성들이 하듯이 목소리를 가라앉혀서 저음으로 이야기를 했지만, 요즘에는 비강을 울리면서 조금 더 나긋하고 다정한 목소리로 말하게 됐다.

말투도 많이 달라져서 밝고 명랑하게 여자 친구의 어머니와 통화를 하게 됐다. 거기다 고객을 응대할 때의 습관이 일상에도 스며들어서 어머니가 하는 말씀마다 리액션이 커져서 어머니가 예전보다 그와 통화하는 걸 즐거워하는 눈치다.

여자 친구의 어머니뿐만 아니라 그의 달라진 모습을 주변의 다른 어르신들도 좋아해주신다. 데면데면한 관계였던 어르신들도 또박또박 말도 잘하고 싹싹하다며 예전보다 더 많이 챙기고 아껴주신다.

'따르릉' 전화벨 소리에 두통이 시작되다

텔레마케터들이 목 관련 질병을 많이 앓고 있다는 것은 이미 잘 알려져 있다. 이한영 실장(마포CRM센터)은 목 이외에도 상담원들이 자주 앓는 직업병으로 두통과 근육통을 꼽는다. 업무 시간 내내 헤드셋을 끼고 있어야 하기 때문에 전화신호가 갈 때 컬러링이나 따르릉 소리가 나면 귀가 울리면서 두통을 호소하는 사람이 많다는 것이다.

하루 종일 의자에 앉은 자세로 컴퓨터 마우스를 붙잡고 있다 보니 허리와 손목 부분에 통증을 호소하는 경우도 많다. 이 때문에 일부러 일어나 뭉친 근육을 풀면서 전화를 하는 상담원이 종종 있다.

같은 팀의 텔레마케터 중에서 고객과 통화하다가 갑자기 벌떡 일어나는 상황 때문에 웃음을 터뜨리게 된다고 한다. 그 상담원도 평소에 허리 통증을 앓고 있는데, 보통 때는 앉아 있다가 어떤 순간만 되면 일부러 보란 듯이 자리에서 벌떡 일어나 고객과 통화를 이어간다.

그런 경우는 대부분 고객과 계약이 잘 성사되어 필수안내를 읽어줄 때인데, 뭉친 근육을 풀어주겠다는 의도도 있지만 "저 가입유치 했어요!"하고 주변 사람들에게 자랑하고 칭찬받고 싶은 마음도 크다고 말한다. 이한영 실장은 그럴 때 잘 했다고 일부러 더 높이 힘차게 엄지손가락을 내밀어 보여준다.

물건 구입할 때 필수약관부터 살펴

황진옥 매니저(마포CRM센터)는 텔레마케터로 일하게 되면서부터 물건을 주문할 때 필수약관을 꼼꼼히 살펴보는 습관이 생겼다. 보통 필수약관은 아주 작은 글씨로 인쇄되어 있어서 웬만하면 보지 않고 건너뛰기 십상이다. 고객에게 상품을 안내하는 일을 자신의 평생 업으로 삼아온 사람으로서 대부분의 사람들이 귀찮아서 안 보거나 낯선 용어들 때문에 어려워서 못 보고 넘어가는 것을 그녀는 찬찬히 들여다본다.

어느 날 TV홈쇼핑에서 괜찮은 보험 상품이 있어서 가입을 신청했는데, 약관을 살펴보고는 이건 아니다 싶어서 취소를 했다. 자신의 직업 특성상 아무리 **빽빽**하게 적힌 상품약관이라도 그냥 흘려 넘어가게 되지 않는다. 이런 성격 덕분에 아무래도 상품을 구매하면서 사기를 당하거나 손해를 본 적이 거의 없다.

'능력자' 텔레마케터들의 '영업 비밀'

텔레마케터에게 필요한 세 가지 능력

콜센터 업무는 자전거 타기나 수영과 닮은 점이 많다. 몸으로 기술을 습득해서 한번 노하우를 익혀두면 오랫동안 능력을 발휘할 수 있다. 콜센터만큼 업무가 표준화된 곳도 드물기 때문이다. 세계의 어느 콜센터를 봐도 대개 비슷한 모습을 하고 있을 정도로 콜센터 산업은 규격화, 일원화되어 있다.

텔레마케터 업무에서는 속도 관리가 중요하다. 상당한 숙련노동이 요구되고, 끊임없는 업무지식과 전산 활용 능력의 습득이 필요하고, 고도의 의사소통 능력과 감정관리 능력이 필요하다. 그래서 텔레마케터의 일은 누구나 배우면 할 수 있다고 생각하기도 하지만 누구나 잘할 수 있는 일은 아니다. 특히 텔레마케터의 기본 업무 노하우뿐만 아니라 상당 수준의 영업력을 갖춰야 하는 아웃바운드 텔레마케터라면 더욱 그럴 것이다.

텔레마케팅 전문가인 임송국 씨의 책 '텔레마케팅'에서는 상담원이 갖추어야 할 세 가지 능력으로 정보 분석 능력, 관심 유발 능력, 핵심 강좌 능력을 꼽고 있다.

　정보 분석 능력은 고객의 서비스 취향을 다각도로 분석하는 능력이다. 고객의 최초 가입 형태, 연령, 가입기간, 그간 문의내용, 최근 변경사항 등을 한눈에 체크하여 데이터를 정보, 지식, 지혜로 승화시킬 수 있도록 해준다.

　관심 유발 능력은 고객으로 하여금 스스로 질문하게 하고 대답하게 만드는 능력이다. 아웃바운드 상담의 핵심은 고객이 대화에 참여하고 관심을 표현하도록 하는 것이다. 질문의 질이 대답의 질을 결정한다. 고객이 질문에 대해서 척척 대답을 잘하고 있다면 그것은 상담원이 질문을 잘하고 있기 때문이다. 고객의 기억을 부추기는 참여질문, 동기를 유발하는 질문, 니즈를 불러일으키는 흥미 탐색 질문으로 고객의 흥미를 유발하는 능력이 필요하다.

　핵심 강조 능력은 정말 중요한 핵심이 무엇이고 상대에게 필요한 이점이 어느 부분이며 혼돈하면 안 되는 부분이 무엇인지에 대해 잘 전달할 수 있는 능력이다. 중요한 것을 사실적으로 강조할 수 있는 표현 기술, 고객에게 무엇이 핵심이고 유의사항인지 분석하고 제안할 수 있는 능력이 요구된다.

빨리 잊고 털어 버릴 수 있는 마인드 컨트롤

강성경 매니저(마포CRM센터)는 아웃바운드 텔레마케터 업무의 특성상 하루에도 고객으로부터 수많은 거부와 반대를 경험하게 된다. 상황이 좋아도, 나빠도 잘 할 수 있다는 긍정적인 생각을 유지해야 하는데 그러기 위해서는 마인드컨트롤을 잘하는 게 중요하다고 한다.

한번은 고객과 상담할 때 위약금이 40만 원이나 나오게 된 적이 있다. 그래도 걱정스러운 모습을 보이기보다 문제없다고 고객을 안심시키고 해결방법을 찾아서 안내를 한 적이 있다. 고객으로부터 어떤 불만이 들어와도 잘 찾아보면 해결방법이 있다. 그래도 안 된다면 '오늘 일이 풀리지 않으면 내일 잘되겠지'하고 좋게 생각하고, 그래도 안 되면 '이번 달 아직 많이 남았으니까 잘할 수 있다'고 매사 긍정적인 생각을 품고 일하는 게 중요하다는 것이다.

구혜림 매니저(장안TWD센터)는 웬만하면 빨리 잊고 털어버릴 줄 아는 것이 텔레마케터에게 꼭 필요한 능력이라고 말한다. 텔레마케터는 하루에도 수많은 사람들과 통화연결을 시도해야 하는 직업이다. 텔레마케터라는 직업은 언제 욕설, 폭언, 인격비하 발언, 성희롱발언, 무리한 요구나 억지 주장을 하는 악성고객과 통화를 하게 될지 알 수 없으므로 힘든 일을 담아두면 다음 통화를 이어가기 힘들어진다.

웬만하면 대충 처리해놓고, 자신이 처리하기 힘들면 상위 관리자와 의논해 처리하도록 해야 한다. 혼자 끌어안고 있기 보다는 업무가 심각하게 힘들어지면 다른 동료에게 하소연을 해서라도 잘 풀면서 지낼 수 있어야 한다. 이전의 고객과 마음이 상했다고 다음 통화에도 영향을 줘서는 안 된다.

다음 고객이 텔레마케터의 언짢은 기분에 영향을 받지 않도록 앞에 통화에 묻어있는 감정을 툭툭 잘 털어내고 다음 통화는 되도록 상쾌한 기분으로 시작하도록 하는 게 중요하다고 한다.

감정을 느끼고 교류할 수 있는 소통 능력

변성준 매니저(마포CRM센터)는 고객과의 소통 능력이 텔레마케터가 갖춰야할 가장 중요한 자질이라고 말한다. 텔레마케터가 자신의 말만 할 게 아니라 고객과 이야기를 주거니 받거니 하는 게 필요하다는 것이다. 텔레마케터가 일방적으로 정보를 쏟아내는 건 이미 상담이 아닌 상황일 뿐이다. 텔레마케터가 아무리 좋은 코멘트를 해도 고객과 주거니 받거니 상호작용이 이루어지지 않으면 소통에 실패한다. 예를 들어 고객에게 상품에 대해 설명할 때 "인터넷이 무료예요" 이렇게 말하면 대화가 이어지지 않고 정적이 흐르기 쉽다.

고객이 대화에 참여하도록 상담원이 질문을 던지는 게 좋은데, 단답형으로 내답이 나올 질문 보다는 고객이 자기 생각이나 이야기를 하도록 유도하는 것이 좋다.

"고객님, 인터넷이 무료인데 그동안 왜 신청하지 않으셨어요?"

이렇게 물어보면 보다 고객의 상황이나 정보가 곁들여진 대화 참여적인 대답이 나오기 마련이다. 이렇게 상담을 하면서 정적의 순간이 없도록 하는 것이 중요하다. 최상위의 실적을 올리는 텔레마케터들은 말로 설명하긴 어렵지만 고객과 '주거니 받거니' 할 수 있는 자기만의 소통 방법을 스스로 터득한 경우가 많다.

김종현 매니저(마포CRM센터)는 사람과 사람이 대화를 하는 일이므로, 상대방의 감정을 잘 느낄 줄 아는 능력이 중요하다고 말한다. 사회경험이 풍부하고 사람들과 대화하기를 즐기는 사람이 텔레마케터 일을 하는 데 적합한 사람이라는 것이다.

이야기도 많이 들어본 사람이 이야기도 잘 할 수 있듯이, 다른 사람의 이야기를 잘 듣는 사람이 상대방의 가려운 부분이나 아픈 부분을 잘 찾아내서 적절한 조치를 취할 수 있다. 평소 자기 이야기에 빠져서 다른 사람들과 대화가 잘 되지 않는 사람들은 텔레마케터 일을 하는데 어려움이 따른다. 사람들과의 어울림이 좋고, 대화도 잘 할 수 있는 대인관계 능력이 텔레마케터의 중요한 자질 중 하나다.

늘 공부하는 자세와 폭넓은 지식

김준형 매니저(마포CRM센터)는 하루하루 실적이 운에 좌우되어 들쑥날쑥 하는 게 영 불안했다. 자기도 어쩔 수 없는 운이라는 것에 계속

     내 꿈은 오늘도 통화 중

끌려 다니다 보니 실적에 따라 하루하루 기분이 천국과 지옥을 오가는 게 싫었다. 운이 좌우되지 않을, 남들과 차별화되는 자신만의 확고한 상담무기를 개발해야겠다는 생각이 들었다. 그래서 혼자 고민하고 연구할 시간이 필요했다.

다른 직원들보다 하루에 네 시간을 회사에서 더 보냈다. 아침에 두 시간 일찍 출근하고, 저녁에 두 시간 늦게 퇴근을 하면서 그 시간을 만들었다. 다른 상담원들이 "인터넷이 무료입니다"라는 멘트에 기대고 있을 때 그는 혼자서 휴대전화 요금체계에 대하여 공부해서 인터넷 요금과 휴대전화 요금을 연계할 생각을 해냈다. 그 때만 해도 아무도 그런 생각을 하지 않을 때였다.

아침에 일찍 출근해 두 시간씩 휴대전화 요금별로 데이터가 몇 기가가 되고, 2년 약정은 얼마나 할인 받는지를 살펴보았다. 업무 종료 후에는 그날 자신의 상담이 녹취된 콜을 듣고 어디에 문제가 있는지, 보완하고 개선할 점은 무엇인지를 찾아나갔다. 오로지 어떻게 하면 잘 할 수 있을까 매일 그 것만 생각하며 자기만의 상담무기를 개발해나갔다. 그러다보니 다른 상담원들과 다른 각도와 더 넓은 관점에서 상담을 하고 있는 자신을 발견했다.

휴내전화 요금까지 연동해서 상담을 하다 보니 인터넷과 TV 상품만을 보고 상담하는 것과 달리 고객의 마음을 움직일 수 있는 보다 더 큰 그림이 보였다. 인터넷과 TV는 가족 단위로 생각하는 거라면, 1인1폰 시대인 요즘인 만큼 휴대전화 요금은 거의 모든 사람의 관심사일 수밖에 없기 때문이다. 자신의 실력이 될 확고한 상담 무기를 만들겠다는 노력 덕분에 그는 톱클래스의 실적을 올리는 유능한 텔레마케터로 성장할 수 있었다.

유소연 매니저(장안TWD센터)는 매일매일 공부하는 자세와 습관이 텔레마케터의 중요한 자질이라고 생각한다. 가끔 지금은 사라진 몇 년 전 요금제를 문의하는 고객이 있는데 그런 질문을 받으면 당황스러울 수밖에 없다. 모든 고객이 최근의 요금제나 상품을 이용하는 것이 아니므로 요금제가 그동안 어떻게 흘러왔고 바뀌어왔는지 전반적으로 알아두는 것도 필요하다는 것이다.

고객이 어느 부위가 가려운데 어느 상담원과 이야기를 나눠도 시원하지 않은 상황이라면 고객은 답답할 수밖에 없다. 그럴 때 폭넓고 깊은 업무지식을 가진 상담원이라면 그만큼 빠르고 올바른 진단을 내려 고객이 원하는 시원한 답변을 해줄 수 있다. 그러려면 평소에 꾸준히 공부하고 탐구하는 습관이 필요하다. 고객이 그날 아침에 나온 IT뉴스에서 신제품에 대한 문의를 했을 때 상담원이 그걸 미리 알아두고 상담에 임한다면 고객의 신뢰를 이미 얻은 상태에서 상담을 원활하게 진행할 수 있는 것이다.

강인한 정신력과 거절을 이겨낼 수 있는 끈기

이한영 실장(마포CRM센터)은 텔레마케터라는 일을 오래 하기 위해서는 가장 필요한 것이 강한 정신력이라고 말한다. 강한 정신력이 필요하지 않는 직업이란 세상에 없겠지만, 여느 직업인보다도 정신력이 강해야 한다고 말한다.

텔레마케터들은 하루 종일 수많은 사람들과 장시간 통화를 해야 하는 직업적 숙명을 가지고 있다. 퇴근할 무렵의 텔레마케터들의 얼굴을 보면 하도 말을 많이 해서 온몸에서 기가 다 빠져나가 힘들어하는 모습을 보게 된다.

실적이 잘 나올 때는 한없이 좋다가 또 실적이 나오지 않을 때는 하염없이 낙담하기 보다는, 어떤 상황 속에서도 그것을 돌파해 나갈 수 있는 강한 정신력을 겸비하는 게 필요하다는 것이 이한영 실장의 말이다.

진태민 매니저(마포CRM센터)는 텔레마케터의 가장 중요한 자질로 끈기를 꼽는다. 고객에게 전화를 걸어 상품 안내를 하는데 고객이 거절한다고 해서 바로 끊는 게 아니라 한 번 더 이야기하고, 또 이야기 해보는 것이다. 그런데도 하지 않겠다면 하는 수 없겠지만 말이다.

고객이 상품을 거부한다면 그만한 이유가 있을 것이다. 텔레마케터는 그런 문제를 해결할 방법을 제시하도록 끈기를 가지고 노력하는 게 필요하다. 상품만 판매하려고 하기 보다는 고객이 왜 거부하고 거절하는지에 대한 세부적인 이유를 탐색해서 그런 부분에 대하여 끈기를 가지고 해결해주려는 자세가 필요하기 때문이다.

일하는 엄마, 행복한 가족들

하루 종일 일하고 집으로 '출근'

콜센터는 여성들에게 폭넓고 다양한 일자리의 기회를 주는 대표적인 직종이다. 외모 차별, 나이 차별, 결혼 유무, 자녀 유무 같은 제약이 거의 없고 특별한 자격이나 해당업종의 경력사항을 요구하지 않는다. 결혼 후 출산과 양육으로 인한 경력단절 여성들에게도 활짝 열린 취업시장이다. 그러나 여성들을 위한 지원 제도나 기업 문화 등이 뒷받침되지 않으면 임신, 출산과 육아 과정을 거치면서 여성이 직장 일을 온전히 해내는 데 어려움이 많다.

근로자는 법적으로 출산휴가 90일, 육아휴직은 1년까지 쓸 수 있지만 실제 대다수의 직장인들에게 육아휴직은 그림의 떡일 뿐이다. 여성근로자가 출산육아 휴가휴직을 하는 동안 회사는 대체 근로자를 채용해야 하는데 이 것이 부담돼 휴직 중인 근로자의 업무를 다른 동료들이 대신 떠맡도록 하는 잘못된 관행들 때문이다.

자기 업무가 바빠서 야근에 특근까지 하는 상황에서 남의 일까지 해야 한다면 부담스럽지 않을 수 없다. 회사에 눈치 보이고 동료들에게 폐를 끼치는 것 같아서 자신에게 주어진 권리조차 마음 편히 누릴 수 없는 것이 현실이다. 여성 직장인들은 반복되는 야근과 회식, 집안일과 육아가 뒤죽박죽인 상태여서 회사 업무를 마치고 집으로 퇴근하는 게 아니라 집으로 출근하는 기분이 들 정도라고 한다.

수도권 지역의 고객 상담 서비스를 제공하는 SK텔레콤 자회사인 서비스에이스는 법으로 보장된 출산육아의 권리뿐만 아니라 회사차원에서 다양한 배려와 지원 제도를 마련하고 있다.

출산과 육아의 개념을 넘어 폭넓은 모성보호를 위한 제도로 임산부를 배려하기 위한 휴식시간 추가 보장, 업무평가 기준 완화, 임산부를 위한 임신 및 육아물품을 지원하고 있다. 육아 전문서적과 허리보호 쿠션과 같은 임산부 케어용 물품지원도 아끼지 않고 있다. 시험관 아기 시술 구성원에게는 시술 1회당 8일의 주가 유급휴가도 쓸 수 있도록 배려하고 있다.

육아휴직을 이용한 여성 근로자에게는 휴직 후 복귀를 권하는 내용의 CEO의 자필 편지가 배달되도록 하여 복직 이후 업무와 회사생활 적응에 대한 두려움을 줄여주도록 하고 있다. 육아휴직 전 급여 수준을 보장하기

4시간, 6시간 선택 근무, 재택근무도 환영
[일과 육아 병행 위한 서비스에이스의 유연근무 제도]

수도권 지역의 고객 상담 서비스를 제공하는 SK텔레콤의 자회사인 서비스에이스는 여성 친화, 가족 친화적인 기업 문화를 지향하고 있다. 전체 구성원 3천8백여 명 가운데 여성 구성원의 비율이 70%에 달할 만큼 여성이 압도적으로 많다. 이 가운데 기혼자의 비율이 절반을 차지하고 있는 만큼 일과 육아의 양립 문화 구축은 회사 차원의 중요한 과제여서 여성 구성원의 고통과 부담을 덜어줄 다양한 제도적 방침을 마련하고 있다. 서비스에이스는 4시간 또는 6시간 시간선택 근무제, 재택근무, 육아기 근로시간 단축 등으로 여성 구성원들이 업무와 육아를 두루 챙길 수 있게 배려하고 있다. 2015년 기준으로 3천8백여 명의 구성원 가운데 1백24명이 4시간 또는 6시간 선택 근무를 하고 있고, 재택근무를 하는 직원도 26명이다.

이러한 유연근무 제도는 임신 · 출신 · 육아 문제로 경제활동을 중단하게 된 경력단절의 여성 취업희망자들에게 열린 취업의 기회로도 활용되고 있다. 이러한 제도를 시행하는 덕택에 각종 사회단체나 정부단체가 주관하는 채용박람회에서 경력단절여성의 취업희망이 잇따라서 일자리 창출 우수기업 인증과 표창을 수상하기도 했다.

위해 복직 후 1개월 동안 평균 인센티브 수준을 보장하고 있다. 또한 복직 후 3개월 간 매월 1회 유급휴가를 추가로 부여하고 있다.

여성 직원들에 대한 배려는 회사에도 좋은 일이다. 텔레마케터 업무에 숙련되기까지 일정한 기간과 교육이 필요하기 마련인데, 이러한 숙련된 상담원이 떠나면 그만큼 회사에서 큰 손해이기 때문이다. 새로운 직원을 채용하고 교육하는 데 드는 비용과 기간을 고려해보면, 기존의 직원들을 지원하고 배려하는 편이 기업 측면에서도 훨씬 효율성이 높다.

이처럼 다양한 여성친화적인 제도를 도입하고 정착시킨 결과, 서비스에이스의 직원 퇴사율은 과거에 비해 극적으로 낮아졌다. 예전엔 퇴사율이 6.5%였을 정도로 높았을 때도 있었지만 지금은 그때의 3분의 1에도 못 미칠 정도로 안정되었다고 한다.

엄마 힘내요, 파이팅!

황진옥 매니저(마포CRM센터)는 상담원으로 오랜 기간 동안 근무하면서 능력을 인정받아 상담원들을 관리하는 실장으로 일하게 됐다. 상담원을 관리하는 중책을 맡게 되다 보니 상담원들이 퇴근하는 시간까지 함께 업무를 봐줘야 하는 상황이 자주 생겼다. 그러다보니 한창 엄마의 손길이 필요한 아이들에게 제대로 엄마로서의 역할을 못해주는 것 같아 한때는 퇴사를 고민하게 됐다. 다행히도 회사에서는 사정을 배려해서 재택근무를 권유했다. 상담원을 관리하는 실장으로는 재택근무가 어렵기 때문에 다시 상담원으로 돌아가 아이들을 돌볼 수 있는 재택근무를 하게 됐다.

일과 육아를 병행하느라 몹시도 벅차고 고단했던 날도 많았지만, 자신의 손으로 돈을 벌 수 있어서 아이들이 조금이라도 더 풍족하고 여유로운 환경에서 자랄 수 있게 하지 않았나 싶다. 만약 자신이 집안에 경제적으로 보탬이 되지 않았다면 아이들에게 뭔가 하나 사주기가 많이 망설여졌을 것이다. 일하는 엄마로서 가장 만족스러운 점은 아이들이 엄마가 직장을 다니고 있다는 것을 좋아하고 자랑스럽게 여긴다는 것이다.

가끔 아이들이 엄마랑 실장님 놀이하겠다고 한다. 학교 다녀와서 "엄마, 오늘 몇 개 했어요?"하고 묻는다. 아직 몇 개 못 했다고 기운 없이 이야기하면 "엄마, 콜 좀 들어보세요. 엄마 목소리가 그렇게 힘이 없으니까 잘 안 되잖아요"하고 조언을 하고 학원에 간다. 학원에 다녀와서도 "오늘 몇 개 더 해야 해요? 엄마, 힘내요. 파이팅!"이라고 응원해준다. 지금은 목소리가 어떠냐고 물어보면 아이들이 엄마 목소리에 대하여 솔직하게 자기 느낌대로 코칭을 해주기도 한다.

엄마는 항상 잘하는 사람, 정말 열심히 노력하는 사람이라며 우리 엄마는 대단한 사람이라고 친구들에게 자랑하는 모습을 보면 가슴이 뭉클해진다. 또한 엄마가 열심히 일하는 모습을 보면서 자라서인지 두 아이도 공부를 할 때나 운동을 할 때나 언제든 자기 나름의 최선을 다하려는 게 몸에 베인 듯해서 무척이나 흐뭇하다고 한다.

한 달에 두 번 정도 회사에 나가요. 한 달에 한번 직무시험을 보는데 그때 회사에 가고, 나머지는 전체 회의 같은 일 있으면 나가고 있어요. 물론 실적이 너무 떨어지면 30분 정도 나가서 교육을 받을 수도 있지만, 그건 자기 하기 나름이니까요. 감히 이렇게 말해도 될지 모르지만, 여성이 다니기에 최고의 직장이라고 말하고 싶어요. 2001년부터 이 회사에서 상담원으로 일했는데 회사에서 육아휴직도 제가 제일 먼저 썼어요. 두 아이를 낳아 키우면서, 임신·출산·육아 휴가 휴직 제도를 잘 활용할 수 있었던 덕택에 아직까지 잘 일하고 있는 것 같아요.

【황진옥 매니저, 마포CRM센터】

육아 우울증 탈출 위해 시작, 이제는 '대단한 엄마'로

이한영 실장(마포CRM센터)은 20대 중반에 연년생으로 아이 둘을 낳았다. 동갑인 남편은 아버지가 되신 이른 나이였는지 육아에 대한 개념이 없었다. 혼자서 두 아이를 키워내느라 날마다 아등바등 힘겹게 지내다 급기야 우울증까지 왔다.

주변 친구들은 한창 좋은 데 놀러 다니며 화사하게 피어나는데 자신만은 하루 종일 두 아이와 씨름하느라 죽어가고 있는 듯한 기분에 휩싸였다. 아이 둘로부터 한 나절이라도 자유롭고 싶었다. 일상생활로부터 탈출하고 싶은 마음에 친척 동생이 다니고 있는 회사에 원서를 덜컥 냈다.

어린이집에 안 갈 거라고 양 다리에 매달리는 아이들을 어린이집에 맡겨 놓고 울면서 회사에 나왔다. 회사에 열심히 다녀서 자기 계발을 하자는 생각 같은 건 애초에 없었다. 육아에 지친 인생의 돌파구를 찾아서 빠져나오려고 무작정 회사에 나오기 시작했다. 잘하자는 생각은 아예 없었고 기본 실적에 기본급만 받으면 된다는 마음이었다.

당시에는 고객 데이터베이스가 굉장히 많아서 1백 콜 정도 돌리면 두 명 정도는 무조건 가입하겠다는 말이 나올 정도로 영업상황이 좋았다. 하루에 2백~3백 콜 돌리면 기본적으로 5~6건은 실적으로 나왔다. 그러던 어느 날 실장으로부터 면담요청이 왔다.

"한영 씨 때문에…, 한영 씨 때문에…."

실장은 계속 이한영 씨 때문에 평균 실적이 내려가고, 이한영 씨 때문에 실 분위기가 엉망이라는 등 온갖 부정적인 이야기를 '이한영 씨 때문'이라는 꼬리표를 붙여서 설명했다. 왈칵 울음을 쏟을 만큼 자존심에 치명적인 타격을 입었다.

집으로 돌아와 잠을 이루지 못했다. 그동안 육아에 지친 일상의 탈출구로 선택한 직장생활이 다른 사람들에게 피해가 될 줄은 미처 몰랐다. 너무나 가슴 아픈 조언이었지만 덕분에 마음을 다잡게 되었다. 하루에 5~6개 정도 나오던 오더가 단지 마음 하나를 바꿨을 뿐인데 10배로 뛰었다. 하루에 67개의 오더가 쏟아져 나온 것이다. 단 하루만의 일이었다. 자신이 해놓고도 너무 신기해서 당황스러울 지경이었다. 그날 회사에서 '떠오르는 샛별'이라는 별칭을 얻었다.

회사에도 소문이 다른 실에서는 기록적인 급성장의 실적을 낸 자신에게 관심을 갖고 직접 보러 오기까지 했다. 그날 이후 회사에서뿐만 아니라 길에서도, 집에서도 계속 상담 연습을 했다.

골목길을 걸으면서 상담 시작부터 마무리 멘트까지 끊임없이 혼자 되뇌었다. 집에 돌아와서는 아이 둘을 앉혀 놓고 고객 상담 연습을 했다. 무슨 말인지 못 알아듣는 아이들이 엄마가 왜 저러나 싶어 까르르하고 웃었다. 그러면서 실적도 가파르게 오르기 시작했다. 첫째 달은 무등급에 그쳤지만 둘째 달은 B등급, 셋째 달은 A등급, 그 이후로는 최고등급인 S등급을 유지했고, 이제는 상담원을 관리하는 실장으로 일하고 있다.

엄마가 일하는 것을 아이들이 엄청 반대했어요. 학교 갔다 오면 집에 아무도 없으니 빈집에 들어가는 게 굉장히 싫었나 봐요. 지금은 저를 굉장히 대단한 엄마라고 생각해줘요. 회사에서 상을 받으면 일부러 가족전체 카톡방에 올려요. "엄마가 이렇게 상을 받았단다, 너희도 너희 자리에서 최선을 다하면 좋은 일이 있을 거야"하고 이야기해주곤 하죠. 어제 4학년 막내가 제게 편지를 썼어요. "엄마처럼 최고로 일 잘하는 사

람이 되고 싶다"고 하더라고요. 정말 뭉클했어요. 연년생 아이 둘을 키

우기가 너무 고달파서 탈출하겠다는 마음으로 집에서 뛰쳐나오 듯 회

사를 다녔는데 이제는 일하는 엄마로 아이들에게 자랑스러운 엄마, 대

단한 엄마가 되고 있어서 참 뿌듯하답니다.

【이한영 실장, 마포CRM센터】

특명! 텔레마케터를 보호하라

고객 전화 먼저 끊을 수 있는 '작업 중지권'

콜센터 상담원에게 1시간 40분 동안 무리한 요구를 하고 욕설과 폭언을 퍼부은 50대 남성이 경찰에 체포된 사건이 있었다. 조사 결과 고객과 콜센터 직원이라는 관계를 악용해 상담원들을 화풀이 대상으로 이용해왔으며 5년 동안 상담원 13명에게 무려 1백54차례에 걸쳐 상담원들을 괴롭혔던 것으로 밝혀졌다.

상담을 하다 보면 얼굴이 안 보인다는 이유로 상담사들을 막 대해도 된다고 생각하고 폭언과 욕설, 성희롱 발언을 늘어놓는 악성 고객들이 적지 않다. 아무리 텔레마케팅 상담사라고 해도 고객들의 욕설과 폭언을 다 들어줘야 하는 것은 아니다.

실제로 텔레마케팅 업체에서는 다양한 방법으로 상담원들을 보호하기 위한 프로그램을 운영하고 있다. 고객으로부터 부당한 대우를 받거나 과도한 스트레스에 노출되었을 때는 자리를 피하거나 전화를 먼저 끊을 수 있는 '작업중지권'이 대표적이다.

> 고객이 화가 많이 나면 죄송하다고 사과를 해도 계속 욕을 해서 상담이 불가능해집니다. 그럴 때는 경고를 하죠. "욕설을 하면 상담이 어렵습니다." 그래도 계속 억지와 폭언을 하면 한 번 더 경고를 합니다. 그래도 계속 욕설을 하면 "죄송하지만 상담이 어렵기 때문에 상담을 중단하겠습니다"라고 말하고 전화를 끊습니다. 이 프로세스가 생긴 지 꽤 오래됐는데 구성원들이 잘 쓰고 있어요. 아웃바운드 영업 조직이다 보니 자주 쓸 일은 없지만, 확실히 도움이 됩니다.
>
> 【구혜림 매니저, 장안TWD센터】

서비스에이스에서는 구성원 보호 프로그램을 운영하고 있다. 상담 중 업무 연관성 유무와 상관없이 욕설, 폭언, 인격비하 발언, 성희롱 발언뿐만 아니라 비정상적으로 장시간 동안 구성원으로 하여금 모욕감이나 정상적인 업무를 방해하고 지연시키는 통화에 관하여 상담원이 먼저 통화를 종료할 수 있도록 하고 있다.

휴대전화 대리점 근무 경력이 있는 유소연 매니저(장안TWD센터)는 "전화를 먼저 끊을 수 있는 단선 정책을 잘 활용하고 있으며 그 덕분에 대리점에서 일할 때보다 여성 텔레마케터로서 더 많은 보호를 받으며 일하고 있다"고 말했다.

> 지나치게 험한 욕설을 한 고객 때문에 경고를 드린 후 통화를 종료한 적이 있어요. 대리점에서 문제가 있었던 고객이 저희 상담센터로 전화를 해서 항의를 하셨어요. 저희는 대리점과 다르다고 안내를 해드렸는데도 험한 욕설을 쏟아내셨죠. 경고를 드렸는데 계속 욕설을 하시기에 "고객님, 계속 욕설을 하셔서 더 이상 상담 진행이 어렵습니다. 먼저 통화를 종료하겠습니다"하고 종료 코멘트를 하고 먼저 끊었습니다. 만약 대리점에서 고객과 얼굴을 마주하고 있었던 상황이었다면, 고객이 매장에서 나갈 때까지 밑도 끝도 없이 욕을 듣거나 계속 사죄를 하고 있어야겠죠. 이 프로그램이 있어서 불만전화가 와도 걱정할 필요 없이 일할 수 있어요.
>
> 【유소연 매니저, 장안TWD센터】

상담원이 전화를 먼저 종료를 할 경우, 화가 풀리지 않은 고객이 다시 상담원에게 전화를 걸어 분풀이를 하는 경우도 있다. 이런 경우는 고객보호원으로 고객의 전화가 자동연결 되도록 하여 고객보호원 팀장이 상담을 진행하게 돼 있다. 상담원이 다시 고객과 통화를 해서 곤혹스러운 상황에 놓이는 것을 미연에 방지하기 위한 시스템이다.

이와 달리 고객이 불만전화를 했지만, 욕설이나 폭언이나 성희롱 발언 같은 부당한 언행 없이 장시간 통화를 하는 상황이라면 상담원이 자의적 판단으로 전화를 끊을 수 없다. 이럴 때는 상위 관리자인 담당 실장으로 전화가 이관되도록 해서 불만 건을 조정하고 있으며 그래도 고객이 물러서지 않거나 상황이 복잡할 경우, 상위기관인 고객보호원으로 이관하여 문제를 해결하도록 하고 있다.

텔레마케터는 고객과 통화를 시작하고 끝낼 때까지 홀로 견뎌야 하는 외로운 자리에 있지만 결코 혼자는 아니다. 구성원 보호 프로그램으로 고객의 부당한 요구나 폭언으로부터 보호해줄 장치가 이미 마련돼 시행되고 있고 제대로 작동되고 있다.

고객 평가 두려워 신고 망설여

그렇다면 왜 13명의 상담원들이 1백50여 차례에 걸쳐서 괴롭힘을 당한 사건에서는 상담원들이 적극적으로 대응하지 못했을까? 상담원들을 보호하기 위한 다양한 제도가 운영되고 있지만 실제로 활용하기가 만만치 않다고 한다. 가장 큰 이유는 콜센터 직원들이 고객평가가 두려워 신고를 하지 않기 때문이다. 전화를 끊어서 민원이 발생하면 결국 피해는 고스란히 상담원 자신에게 돌아오기 때문에 그냥 참자는 인식이 팽배해 있다.

서울대 심리학과 곽금주 교수 연구팀이 H카드 콜센터 상담원들을 대상으로 진행했던 폭언전화 근절 실험에서도 상담원들의 곤혹스러운 심리가 잘 드러났다.

관찰 결과, 이 회사는 2012년부터 악성고객의 폭언으로부터 상담원을 보호하기 위해 경고 후 전화를 먼저 끊을 수 있는 제도를 도입해 왔는데 잘 시행되지 않고 있는 것으로 나타났다.

실제로 상담사들이 고객으로부터 욕설을 들어도 전화를 끊지 않고 참고 있었다. 이 회사는 구체적인 고객대응 매뉴얼을 마련하고, 상담원이 먼저 전화를 끊어서 민원이 발생할 경우 상담원에게 어떤 책임도 묻지 않겠다는 약속을 거듭할 뿐만 아니라 본사에 전담 인력을 배치해 악성전화를 끊지 않고 참는 경우가 없는지 매일 녹음 내용을 모니터링하면서 상황을 변화시켰다고 한다.

그나마 고객에게 걸려오는 전화를 받고 고객의 요구가 해결될 때까지 전화를 끊기 어려운 인바운드 업무에 비해 아웃바운드 업무는 고객이 거절 의사를 표명하면 언제든지 끊을 수 있는 재량이 있기 때문에 고객 응대 면에시는 인바운드에 비해서 나은 편이다.

'진상'고객 때문에 힘들어하는 경우는 대개 인바운드 직원인 것 같아요. 인바운드에서 근무하는 친구들 이야기를 들어보면 정말 심한 경우가 많더군요. 아웃바운드 경우에는 "고객에게 전화를 걸어서 이런 혜택이 있는데 받으시겠습니까?" 물었는데 욕설로 반응이 오면 통화를 종료하면 됩니다. 일한 지 5년 차인데, 전화를 걸자마자 욕하는 사람은 세 명 정도 있었을까요.

【김근호 매니저, 마포CRM센터】

마음 건강 관리까지 세심하게

콜센터 상담원들은 아무래도 각양각색의 수많은 사람들과 장시간 동안 통화를 하는데다 수많은 거부와 반대를 경험하는 상황에 노출되어 있기 때문에 어느 직업보다도 스트레스가 높다. 이 때문에 콜센터 직원들을 위한 다양한 프로그램을 운영하고 있다.

서비스에이스에서는 구성원들을 위해 마음 건강 관리 프로그램을 운영하고 있다. 일반적으로 심리 상담이라고 불리는 것인데 구성원들이 심리 상담이라는 용어에 부담감을 느끼는 점을 감안하여 마음 건강 프로그램이라는 이름으로 부르고 있다.

2011년도부터 회사 차원에서 마음 건강 코치를 집중적으로 육성해 상담원들에게 다가가고 있다. 회사 업무에 관련된 심리 상담만을 받을 수 있는 것이 아니라 구성원 개인적인 문제도 전문적인 마음 건강 코치를 통해 상담 받고 해결해 나갈 수 있도록 하고 있다. 이 경우도 비용을 회사에서 전액 지원해 주고 있다.

회사에서 운영하는 마음 건강 관리 프로그램의 도움을 받은 직원이 있었어요. 아파트 층간 소음으로 아래층 사람들과 갈등이 커졌나 봐요. 아래층에 사는 주민이 굉장히 예민했던 모양인지, 뛰었던 것도 아닌데 뛰었다고 주장을 하면서 아래층에서 천장을 마구 치고 언쟁을 벌이다 어느 날은 폭력을 휘두르는 사태까지 갔다고 하더군요. 경찰서에 가서 합의를 보려고 했는데 그것 때문에 너무 스트레스가 커서 마음 건강 코치에게 요청을 해서 상담을 받았다고 하더라고요. 막연하게 마음 건강 관리라는 게 얼마나 도움이 될지 궁금했는데 실제로 많은 도움을 받아서 이제 많이 안정을 찾게 됐다고 하더군요.

【이한영 실장, 마포CRM센터】

조치호 매니저(장안TWD센터)는 믿었던 사람으로부터 마음에 상처를 입고 일상생활의 활기와 업무효율이 많이 떨어져 마음 건강 관리를 신청한 적이 있다. 여러 회사의 콜센터에서 상담원으로 근무했던 경력이 있었지만, 마음 건강 관리 프로그램을 운영하는 곳은 보지 못했다고 했다. 다른 콜센터는 구성원의 불만이나 불편사항을 메모지에 적어서 마음의 편지 같은 상자에 넣는 개념으로 운영하고 있었다.

입사 전에 몸이 좋지 않았어요. 허리에 급성 디스크가 생겨서 누워서 꼼짝을 못하고 있었던 상황이었는데, 오래 만나고 믿었던 사람이 저를 배신을 했던 일이 생겼어요. 평상 때처럼 몸이라도 괜찮았더라면 상처가 덜 했을 텐데 몸이 아픈 상태라서 그런지 배신감도 크고 서운함도 깊었어요. 그 일이 영향을 줘서 업무에 집중이 잘 안되는 것 같아서 마음 건강 관리를 신청했습니다. 마음 건강 관리를 받아보면 개인적인 일상에서 기운을 얻고, 업무적으로도 좋지 않을까 싶었어요. 앞으로 계속 만나서 상담을 진행하기로 했어요. 업무 일이든 개인적인 일이든 전혀 제한 없이 받을 수 있어서 참 좋은 프로그램이라는 생각이 듭니다.

【조치호 매니저, 장안TWD센터】

그밖에도 콜센터 전체 구성원의 마음 건강을 살펴보는 프로그램도 진행하고 있다. 매년 마음 건강 진단을 시행하고, 스트레스 지수를 체크하도록 하고 있다.

전문상담사가 판단하기에 스트레스가 높은 수준에 있는 구성원은 따로 연락을 취하여 본인의 희망 하에 상담을 진행한다. 우리나라에서는 아직 마음 건강 관리에 대하여 불편하게 보는 시선이 있으므로, 이런 마음 건강 관리 프로그램 운영은 철저히 개별적으로, 익명으로 진행하는 것을 원칙으로 하고 있다. 또한 개인 상담뿐만 아니라 5~6명 씩 소그룹으로 미술, 원예, 감정 치료를 주제로 한 집단 상담도 진행하고 있다.

나는 텔레마케터가 좋다!

CRM본부

홍성철 팀장

마포CRM센터

이한영 실장 ｜ 강성경 매니저 ｜ 김근호 매니저 ｜ 김용진 매니저 ｜ 김종현 매니저
김준형 매니저 ｜ 변성준 매니저 ｜ 소연철 매니저 ｜ 이규환 매니저 ｜ 이상현 매니저
이재원 매니저 ｜ 이재형 매니저 ｜ 진태민 매니저 ｜ 황진옥 매니저

장안TWD센터

구혜림 매니저 ｜ 김태훈 매니저 ｜ 유소연 매니저 ｜ 이다은 매니저 ｜ 이수희 매니저
조치호 매니저 ｜ 홍석천 매니저

마포CRM센터 소연철 매니저
마포CRM센터 김준형 매니저
마포CRM센터 김용진 매니저
마포CRM센터 이상현 매니저
마포CRM센터 이규환 매니저
마포CRM센터 김근호 매니저
마포CRM센터 이재원 매니저
장안TWD센터 홍석천 매니저
마포CRM센터 강성경 매니저
CRM본부 홍성철 팀장
마포CRM센터 변성준 매니저
마포CRM센터 이재형 매니저
마포CRM센터 김종현 매니저
장안TWD센터 유소연 매니저
마포CRM센터 황진옥 매니저
마포CRM센터 이한영 실장
장안TWD센터 구혜림 매니저
장안TWD센터 조치호 매니저
장안TWD센터 김태훈 매니저
마포CRM센터 진태민 매니저
장안TWD센터 이다은 매니저
장안TWD센터 이수희 매니저

텔레마케터 분들, 고객의 마음을 움직이는 일이 쉽지는 않지만 고객을
위하는 진심만이 통한다는 사실을 믿자고요! <u>홍성철 팀장(CRM본부)</u>

상담원들을 감정노동자라고는 하지만, 고객님들의 따뜻한 위로 한 마디에 얼마나 크게
힘을 얻는지 몰라요. 고객님들이 힘든 날 누군가에게 위로받았을 때를 떠올려주세요.
<u>이한영 실장(마포CRM센터)</u>

하루하루 수많은 고객들을 만나면서 힘든 일도 있겠지만, 감사하다고 말씀하시는
고객을 생각해서 텔레마케터가 앞으로 사회적으로 인식이 더 좋아지게끔 우리 함께
노력해보자구요! <u>강성경 매니저(마포CRM센터)</u>

얼굴을 보지 않고 목소리만으로 고객과 기업에게 이익과 감동을
주고, 양자 모두 만족을 시킬 수 있는 중개역할을 하는 게 바로
텔레마케터들이니 우리 자부심을 갖고 일해요.
<u>김근호 매니저(마포CRM센터)</u>

텔레마케터는 항상 힘들고 스트레스를 많이 받는 직업이지만, 고객이 모르는 것을
안내해 드릴 수 있으니 그만큼 자부심을 크게 느낄 수 있는 직업이 아닐까 싶습니다.
<u>김용진 매니저(마포CRM센터)</u>

텔레마케터는 감정소모가 많은 직업인만큼 자신을 향한 격려와 인정, 응원이 필요한
일이 아닐까 싶어요. 자신을 믿을 줄 아는 마음의 근력을 키우는 게 가장 중요한 일인
듯합니다. <u>김종현 매니저(마포CRM센터)</u>

텔레마케터들이 자기만의 즐겁게 일하는 방법을 찾았으면 좋겠어요. 긍정적인 마음으로
무장하고 목표를 뚜렷하게 세우면 스트레스 받는 부분들도 별 일 없이 넘어갈 수 있을
겁니다. 김준형 매니저(마포CRM센터)

고객 분들이 저희 얘기를 듣기도 전에 "됐어요!" 하시기보다는 본인에게
필요여부를 일단 들어보시고 판단해 주셨으면 좋겠습니다.
변성준 매니저(마포CRM센터)

바쁘면 차라리 전화를 안받아주셨으면 합니다. 바쁜 와중에 전화 받고 짜증을 내시면
저희도 사람인지라 감정적으로 힘들 답니다. 들어보고 불필요하면 정중히 거절하시면
좋고요. 소연철 매니저(마포CRM센터)

텔레마케터가 없던 시절을 상상해 보세요. 모든 업무를 방문 처리해야
한다면 어떨까요? 전화로 수많은 일들을 처리하는 텔레마케터라는
직업에 자부심을 가질 만 하지 않을까요?
이규환 매니저(마포CRM센터)

저희 상담원들의 안내를 너무 당연하다는 듯이 생각하기 보다는, 자신들의 어려움을
해결해주는 감사한 사람들이라는 마음이 있었으면 좋겠습니다.
이상현 매니저(마포CRM센터)

●

전화로 하는 쉬운 일이라고 오해하시는 분들이 많은데요. 저희 일도 고생이 많은
직업입니다. 여자친구, 남자친구, 배우자, 아들, 딸에게 오는 전화처럼 받아주신다면
좋겠습니다. 이재원 매니저(마포CRM센터)

●

텔레마케터라는 직업은 수많은 사람들에게 양질의 정보를 제공하는 사람들입니다.
유익한 정보로 세상과 사회에 기여하고 있으니 보람과 자부심을 충분히 가질 만한
일입니다. 이재형 매니저(마포CRM센터)

●

얼굴을 마주하는 영업이 아니라 전화상담이라고 함부로 해도 된다는 생각을 하지
말아주세요. 저희 일은 고객의 궁금증을 해결하고 혜택을 드리는 중요한 직업이라고
생각해주세요. 진태민 매니저(마포CRM센터)

●

상담원은 고객의 고민과 화를 풀어드리는 심리상담치유사 역할도
하잖아요. 상담원인 나 자신부터 마음을 열고 고객을 내 친구같이,
가족같이 대하는 마음자세를 길러야할 것 같아요.
황진옥 매니저(마포CRM센터)

●

힘든 일은 빨리 잊어야 해요. 고객과의 통화가 힘들었다면 잠시 휴식을 취하고 바로바로
잊어 버려야 해요. 그게 제가 4년 동안 이 일을 할 수 있던 노하우예요.
구혜림 매니저(장안TWD센터)

●

요즘 텔레마케터에 대한 인식이 많이 바뀌고 있어요. 상담원으로
일하시는 분들, 우리 고객의 말에 상처받지 말고 더 크게 자부심을 갖고
일했으면 좋겠어요. 김태훈 매니저(장안TWD센터)

얼굴이 보이지 않지만 마치 얼굴을 보고 있는 것처럼 대해 줬으면 좋겠어요. 전화가 아니라 내가 직접 방문해서 사람 대 사람으로 도와준다고 생각하고 저희 상담원들을 대해주면 좋겠어요.
유소연 매니저(장안TWD센터)

텔레마케터는 보이지는 않지만 세상에 없어서는 안 되는 직업 중 하나라고 생각해요. 상품을 구매하지 않아도 괜찮아요. 어리다고 반말하지 마시고, 그냥 예의만 지켜주시면 좋겠어요. 이다은 매니저(장안TWD센터)

텔레마케터라는 직업도 참 좋은 직업이랍니다. 얼굴도 모르는 제게 고객 분들이 저를 믿고 고가의 핸드폰 단말기를 구매해줄 때 직업적인 자부심을 느껴요. 이수희 매니저(장안TWD센터)

바쁜 일상 속의 짧은 휴식이라고 생각하고 저희 얘기에 귀를 기울여주세요. 통화하기 싫다면 말 속에도 자신의 인격이 있다고 생각하시고, 다만 정중하게 거절해 주셨으면 좋겠어요.
조치호 매니저(장안TWD센터)

내 주변에 가장 가까운 소중한 사람도 텔레마케터 일 수 있어요. 불법TM이라고 단정 짓고 막말 마시고 자신의 소중한 사람이 전화한다고 생각하고 상담원들을 대해줬으면 좋겠어요. 홍석천 매니저(장안TWD센터)

참고문헌

- 국가인권위원회, 〈콜센터 텔레마케터 여성비정규직 인권 상황 실태조사〉,
  《2008년도 인권상황실태 연구용역 보고서》, 국가인권위원회, 2008
- 기획취재팀, 〈[위기의 텔레마케팅] (4)해외사례 – 미국〉, 전자신문, 2008.07.31
- 김경희, 석사논문 〈텔레마케팅 활성화방안에 관한 연구〉, 고려대학교 정책대학원, 2007
- 김대곤, 박사논문 〈텔레마케터의 직무만족이 콜센터의 마케팅성과에 미치는 영향에 관한 연구〉,
  청주대학교 대학원, 2008
- 김상미, 《뜨는 텔레마케팅, 뜨는 텔레마케터》, 한국능률협회, 2002
- 김준호·이동진, 《텔레마케팅》, 무역경영사, 2007
- 김현아, 석사논문 〈감정노동 개념의 오용과 재평가에 관한 연구〉, 이화여자대학교 대학원, 2016
- 송현수, 《아웃바운드 텔레마케팅》, 새로운제안, 2007
- 신경아, 〈감정노동의 구조적 원인과 결과의 개인화 : 콜센터 여성노동자의 사례 연구〉,
  《산업노동연구》 Vol.15 No.2, 한국산업노동학회, 2009
- 앨리 러셀 혹실드, 《감정노동 (노동은 우리의 감정을 어떻게 상품으로 만드는가)》, 이매진, 2009
- 이송미, 《콜센터 연봉 1억녀의 비밀노트》, 좋은땅, 2015
- 임송국, 《텔레마케팅》, 홍익출판사, 2012
- 정재승, 〈정재승의 영혼공작소 – 맨 마지막까지 살아남을 일자리가 궁금하다면〉 한겨레신문,
  2017.02.12
- 정형옥, 〈텔레마케터로 일하는 여성 노동자의 경험〉, 《성평등연구》 Vol.9,
  가톨릭대학교 성평등연구소, 2005
- 한애란, 〈[세상 속으로] "야, 이XXX" 다짜고짜 욕부터 하는 고객,
  "이러면…" 경고 뒤 끊자 공손히 다시 〉, 중앙일보, 2016.10.22
- 허환주, 〈차안에서 번개탄 피우기 전에 쓴 텔레마케터의 고발장〉, 프레시안, 2017.3.15